John Sykes

111 Orte in London, die man gesehen haben muss

Mit Fotografien von Birgit Weber

111

emons:

Für Helmut

Bibliografische Information der Deutschen Nationalbibliothek
Die Deutsche Nationalbibliothek verzeichnet diese Publikation in der Deutschen Nationalbibliografie; detaillierte bibliografische Daten sind im Internet über http://dnb.d-nb.de abrufbar.

MIX
Papier aus verantwortungsvollen Quellen
FSC® C083411

Layout: Eva Kraskes, nach einem Konzept
von Lübbeke | Naumann | Thoben
Kartografie: altancicek.design, www.altancicek.de
Kartenbasisinformationen aus Openstreetmap,

Druck und Bindung: CPI – Clausen & Bosse, Leck
Printed in Germany 2021
Erstausgabe 2013
ISBN 978-3-7408-0970-6
Aktualisierte Neuauflage Februar 2021

Vorwort

Wir haben auf unseren Streifzügen durch London weit mehr als 111 Orte aufgesucht, haben dabei Zehntausende Fotos gemacht und sind unzählige Kilometer zu Fuß gelaufen, um die hier präsentierte Auswahl zu treffen. Berühmte Sehenswürdigkeiten wie Big Ben und die Kunstmuseen sind nicht aufgeführt – dafür zeigen wir »Little Ben«. Wir richteten unser Augenmerk auf manche Orte, für die man erst beim zweiten oder fünften Besuch in London Zeit findet, und auf andere, die man beim Erstbesuch als Ergänzung zum Standardprogramm besichtigen kann. Ausflüge in alle Himmelsrichtungen gehören dazu, beispielsweise zu lauschigen Stadtteilen im Westen, zur jungen Szene südlich der Themse und zu Landschaftsparks im Südwesten.

Wir möchten die überwältigende Vielfalt der britischen Hauptstadt zeigen. In London treffen sich alle Kulturen der Welt. Es gibt edle Geschäfte für Gentlemen und schräge Mode auf Märkten, Residenzen der Aristokratie und denkmalgeschützte Holzhütten für Taxifahrer, exklusive Clubs und urige Pubs für jedermann. Wir nehmen den Leser mit zu einer Synagoge, einem Hindu-Tempel und einem Friedensgarten des Dalai Lama.

Wir zeigen, wo ein deutscher König von Korsika begraben wurde, welcher Weinhändler über das Körpergewicht seiner Kunden Buch führt, warum Piraten im Fluss erhängt wurden, welcher unterirdische Radweg nach Schottland führt und welcher Feind von James Bond Wohntürme baute.

Übrigens: Die in deutschen Ohren magisch klingende Zahl »111« gilt manchen in England als Unglückszahl. Deshalb fehlt sie im Inhaltsverzeichnis: Nach Ort 110 kommt Ort 112. Die Erklärung für diesen Aberglauben ist bei Ort 58 nachzulesen.

Wir wünschen dem Leser so viel Freude bei der Lektüre, wie wir beim Recherchieren, Fotografieren und Schreiben hatten.

John Sykes & Birgit Weber

111 Orte

1___ 10 Adam Street
Nicht Downing Street! | 10

2___ Albert Bridge
Ein Veteran bleibt im Dienst | 12

3___ Angelas Trinkbrunnen
Von einer außerordentlichen Frau gestiftet | 14

4___ Apothecaries' Hall
Zunfthalle der Apotheker | 16

5___ The Argyll Arms
Kneipenhimmel neben Shopping-Hölle | 18

6___ The Athenaeum Club
Die Göttin bittet nicht jeden hinein | 20

7___ The Barbican
Denkmalgeschützte Betonburg mit Kultur | 22

8___ Belgrave Square
Eine Familie hält ihr Vermögen zusammen | 24

9___ Berry Bros. & Rudd
Weinhändler seit 300 Jahren | 26

10___ Die Bevis-Marks-Synagoge
300 Jahre jüdische Gemeinde | 28

11___ Die Bootsgärten
Kirschblüte auf dem grauen Fluss | 30

12___ Die Botschaft von Ecuador
Sieben Jahre Asyl für Julian Assange | 32

13___ Brixton Market
Farbenknall und Geschmacksexplosion | 34

14___ Brockwell Park
Adele war zu Tränen gerührt | 36

15___ Die Brunswick-Platane
Bäume, die London prägen | 38

16___ Bunhill Fields
Mittagspause zwischen den Gräbern | 40

17___ Bushy Park
Der Anfang einer Massenbewegung | 42

18___ Cabbies' Shelter bei Grosvenor Gardens
Denkmalgeschützter Pausenraum für Taxifahrer | 44

19 Chinatown
Fernöstliches Flair in Soho | 46

20 Christie's
Niveauvoller als Auktionen bei eBay | 48

21 City Hall
Ein Reichstag für London | 50

22 The Coade Stone Lion
Der Brückenlöwe mit bescheidener Herkunft | 52

23 Cousin Lane Stairs
Eine Treppe zur Themse hinunter | 54

24 Der Crossbones-Friedhof
Gedenkstätte für Ausgestoßene | 56

25 Der Dachgarten
Blumen und Beton | 58

26 Die Duke-of-York-Säule
Eine königliche Karriere bis ganz oben | 60

27 East India Dock
Von Gewürzen und Seeschwalben | 62

28 Eccleston Mews
Schöner wohnen in der Stallung | 64

29 Edgware Road
»Klein-Beirut« in London | 66

30 Eel Pie Island
Insel der Musiker und Künstler | 68

31 Der Erfinderkopf
Inspiration für Designer | 70

32 Fournier Street
Geister der Hugenotten und jüdischen Schneider | 72

33 Fulham Market Hall
Streetfood unterm Dach | 74

34 Fulham Palace
Bischöflicher Landsitz an der Themse | 76

35 Der Gasholder Park
Spiegel der Verwandlung | 78

36 Die Gaslaterne in der Carting Lane
Straßenbeleuchtung durch Kanalisationsgas? | 80

37 God's Own Junkyard
Es funkelt am Himmel auf Gottes Schrottplatz | 82

38 Der goldene Junge
Völlerei, Feuersbrunst und Leichenraub | 84

39___ Greenwich Foot Tunnel
Die Themse unterqueren, und ab nach Schottland! | 86

40___ The Grenadier
Ein gemütlicher Pub, bis das Gespenst erscheint | 88

41___ Hawksmoors Pyramide
Ein Rätsel auf dem Kirchhof | 90

42___ Hardys Baum
Zwischen pietätlos und würdevoll | 92

43___ Highgate Wood
Ein Überrest alter Wälder | 94

44___ Holland Park
Es ändert sich die Zeit, und neues Leben blüht … | 96

45___ Das Horniman Museum
Vielfältiger Spaß für Kinder und Erwachsene | 98

46___ Horse at Water
Der Pferdekopf am Marble Arch | 100

47___ Der Inner Temple Garden
Ein Garten für Anwälte und für alle | 102

48___ Die Isabella Plantation
Ein Zaubergarten im grünen Park | 104

49___ James Smith & Sons
Hier kauft ein Gentleman seinen Regenschirm | 106

50___ Die Jamme-Masjid-Moschee
Ein Haus für drei Religionen | 108

51___ Die K2-Telefonzelle
Der Prototyp einer Designikone | 110

52___ Das Kindertransportdenkmal
10.000 jüdische Kinder kamen hier an | 112

53___ Lincoln's Inn
Eine ruhige Enklave der Juristen | 114

54___ Limehouse Basin
Hafenbecken für die postindustrielle Gesellschaft | 116

55___ Little Ben
Als die Stunde des Brexit noch nicht schlug | 118

56___ Lloyd's Building
Futuristisch und doch ein Denkmal | 120

57___ London Stone
Der mythische Nabel der Stadt | 122

58___ Lord's Cricket-Stadion
Heiligtum einer unergründlichen Sportart | 124

59___ M. Manze
Aal und Pastete im Stadtteil Peckham | 126

60___ Die Marx Memorial Library
Lenins Büro und viele Devotionalien | 128

61___ Der Maulwurfhügel
Stolperfalle für einen siegreichen König | 130

62___ Mudchute City Farm
Tiere für Stadtkinder | 132

63___ Die Nackten Damen
Eine Überraschung am Themse-Ufer | 134

64___ Neal's Yard
Eine alternative Enklave seit über 40 Jahren | 136

65___ Die Nische der Old London Bridge
Ein Brückenteil wurde ins Krankenhaus eingeliefert | 138

66___ Nunhead Cemetery
Überwucherte Friedhofspracht | 140

67___ One New Change
Eine kostenlose Aussicht auf Stadt und Kathedrale | 142

68___ Orbit
Aussichtsturm am Olympiagelände | 144

69___ The OXO Tower
Brühwürfelarchitektur mit Panorama | 146

70___ Paddington Street Gardens
Alles grün und sauber im ehemaligen Friedhof | 148

71___ Peabody Estate in der Whitecross Street
Sozialer Wohnungsbau seit 150 Jahren | 150

72___ Peckham Levels
Eine schräge Welt im Parkhaus | 152

73___ The Piccadilly Line
Design und Architektur für die U-Bahn | 154

74___ Pimlico Road Farmers' Market
Mozart überwacht lokale Qualitätsprodukte | 156

75___ Postman's Park
Ein Denkmal für unbekannte Helden | 158

76___ The Princess Diana Memorial Fountain
Planschen wird geduldet | 160

77___ The Prospect of Whitby
Henkerstrunk in der Hafenkneipe | 162

78___ Quantum Cloud
Kunst am Strom unter einem weiten Himmel | 164

79___ Das Queen-Mum-Denkmal
Ein Herz für Pferde und Corgis | 166

80___ Queen Square
Ein Platz für Eltern, Kinder und Königinnen | 168

81___ Richmond-on-Thames
Wo Londons Fluss ländlich wird | 170

82___ Robbie Williams' Haus
Gestörte Harmonie unter Musikern | 172

83___ Die römische Stadtmauer
Londinium bleibt präsent | 174

84___ Die rollende Brücke
Spektakuläres vom Star-Designer | 176

85___ The Ropewalk
Kulinarisches in den Bahnbögen | 178

86___ The Royal Arcade
Königliche Empfehlung fördert den Umsatz | 180

87___ Shad Thames
Schickes Wohnen in Dickens' Elendsviertel | 182

88___ Shoreditch Street Art
Legal oder illegal, subversiv oder arriviert | 184

89___ Shri Swaminarayan Mandir
Der Hindu-Tempel ist für alle offen | 186

90___ Das Skalpell
Video abspielen! | 188

91___ Spencer House
Altes Geld, sicherer Geschmack | 190

92___ St Anne's Church, Soho
Grabstätte des deutschen Königs von Korsika | 192

93___ St Bartholomew
Die Kirche des Hofnarren, heute eine Filmkulisse | 194

94___ St Bride's
Ein Turm wie eine Torte, eine Krypta zum Schaudern | 196

95___ St Helen's Bishopsgate
Die christliche Botschaft im Finanzviertel | 198

96___ St John's Lodge Garden
Ein abgeschiedener Blumengarten im Regent's Park | 200

97___ St Pancras Station
Bierfässer und ein Wunder der Ingenieurskunst | 202

98___ Three Mills Island
Mahlen mit der Kraft der Gezeiten | 204

99 Der tibetische Friedensgarten
Ein Mandala vor dem Kanonenrohr | 206

100 Tower Bridge Wharf
Freier Blick auf den Fluss | 208

101 Die Trafalgar Tavern
Traditionskneipe am Null-Meridian | 210

102 Trellick Tower
Ein Architektur-Bösewicht wird rehabilitiert | 212

103 Tyburn Convent
Schrein katholischer Märtyrer | 214

104 Der vierte Sockel
Bitte keine Denkmäler mehr! | 216

105 Waterloo Bridge
Ein bezaubernder Blick entlang der Themse | 218

106 The Westbourne
Der Bach, der durch eine U-Bahn-Station fließt | 220

107 The White Building
Kunst und Pizza am Kanal | 222

108 Whitechapel Gallery
Kunst für alle und vergoldete Lebensbäume | 224

109 Wilton's Music Hall
Abbröckelnder Putz einer Varietébühne | 226

110 Die Wimbledon-Windmühle
Es dreht sich nicht alles um Tennis | 228

112 Ye Olde Mitre
Eine gut versteckte Kneipe | 230

1 10 Adam Street

Nicht Downing Street!

Die schwarz glänzende Tür zum Haus Downing Street Number 10 ist ein heißer Kandidat für den Titel »berühmteste Tür der Welt«. Sie bildet die Kulisse für politische Ankündigungen mit großer Tragweite. 2016 stand Premierminister David Cameron davor und gab seinen Rücktritt bekannt, nachdem die Wähler seine Empfehlung, in der EU zu bleiben, ablehnten. Dort trat 2019 seine Nachfolgerin Theresa May denselben Gang an wie schon Margaret Thatcher fast 30 Jahre zuvor. Aber nicht nur Niederlagen gibt man hier bekannt. Am Ende des Zweiten Weltkriegs posierte Winston Churchill vor dieser Tür und zeigte mit zwei Fingern das »V« (für »victory«).

Seit die Irisch-Republikanische Armee 1991 einen Mörserangriff auf Nummer 10 verübte, hat die Öffentlichkeit keinen Zutritt mehr zur Downing Street. Die Tür – nicht mehr aus Eichenholz, sondern mit bombensicherem Stahl – sieht man nur noch in den Medien. Aber ein ganz ähnlicher Eingang befindet sich nur wenige Fußminuten entfernt. Laufen Sie über Whitehall und Trafalgar Square zu The Strand, dann rechts in die Adam Street, und halten Sie dort Ausschau auf der linken Seite nach der Nummer 10.

Wer genau hinguckt, erkennt Unterschiede. Die Tür in der Downing Street besitzt mehr Glanz, einen Löwenkopf zum Anklopfen und ein siebenteiliges, fächerförmiges Fenster darüber (in der Adam Street sind es nur fünf Fächersegmente). Über dem Eingang des Premierministers hängt eine Laterne, links und rechts befinden sich Schmutzabstreifer für die Stiefel. 10 Downing Street besticht mit einer eleganten steinernen Umrahmung, dagegen hat die Fake-Tür in der Adam Street schöne kannelierte Pilaster. Egal: Die Freunde zu Hause werden es nicht merken! Treten Sie deshalb beherzt an das Haus und posten Sie ein Foto in den sozialen Medien. Fügen Sie die klaren Worte hinzu, mit denen Sie hinter der Tür Boris Johnson den blonden Kopf gewaschen haben.

Adresse 10 Adam Street, WC2R 0DE | **ÖPNV** Charing Cross (Bakerloo, Northern Line) | **Tipp** In den Jahren 1768 bis 1772 bauten die Brüder John und Robert Adam die Adelphi Terrace, eine klassizistische Häuserreihe mit Ausblick. Davon ist nur die Nummer 11 Adelphi Terrace in der Robert Street übrig geblieben: Gehen Sie bis zum Ende der Adam Street für den Blick auf die Embankment Gardens, dann rechts und wieder rechts.

2 Albert Bridge

Ein Veteran bleibt im Dienst

Ikonenstatus hat die Tower Bridge, aber keine Londoner Brücke ist schöner als die Albert Bridge im Westen der Stadt, vor allem nachts, wenn 4.000 Glühbirnen einen Zauber auf ihre achteckigen Türme und eisernen Streben legen. Der Anstrich in zarten Pastelltönen – Rosa, Blau, Gelb – hebt ihre filigrane Gestaltung hervor. Die zierliche Anmutung der Albert Bridge trügt nicht, denn seit der Eröffnung 1873 ist sie ein Problemfall. Im 19. Jahrhundert hieß sie »die zitternde Dame«. Schilder mahnen Soldaten, nicht im Gleichschritt hinüberzumarschieren.

Rowland Mason Ordish entwarf die nach Königin Victorias Ehemann benannte Albert Bridge nach seinem eigenen Prinzip als abgewandelte Hängebrücke. Bereits 1884 musste sie verstärkt werden. 1973 kamen Pfeiler als Unterbau in der Flussmitte hinzu, nachdem eine Kampagne mit prominenter Beteiligung den Abriss verhinderte. Die Albert Bridge verbindet den wohlhabenden Stadtteil Chelsea mit Battersea am Südufer der Themse. Der Reichtum der Chelsea-Bewohner und das Hundeparadies »Battersea Park« wurden ihr zum Verhängnis, denn schwere, teure Autos mit Allradantrieb werden nicht umsonst »Chelsea Tractor« genannt, und nicht jeder Mops hält sich so lange zurück, bis er im jenseitigen Grün pinkeln kann. Die Konstruktion aus sprödem Gusseisen mit einer Holzplatte unterhalb der Fahrbahn war nie für den motorisierten Verkehr gedacht. Eine Verengung der Zufahrten hält Lastwagen fern, aber Kolonnen von Chelsea Tractors erschüttern die Träger, und Pudel-Urin zersetzt das Holz.

Nach teurer Sanierung wurde die Albert Bridge Ende 2011 wiedereröffnet. Zur offiziellen Feier führte man zwei Hunde, »Prince« und »Albert« aus dem Tierheim von Battersea, über die Brücke. Fein herausgeputzt, doch altersschwach, wie die prächtig uniformierten Veteranen des nahe gelegenen Militärheims im Royal Hospital, versieht die Albert Bridge weiterhin ihren Dienst.

Adresse Chelsea Embankment/Cheyne Walk (Nordseite der Brücke) | ÖPNV Sloane Square (Circle, District Line); Bus 170 ab Victoria, Haltestelle Albert Bridge | Tipp Das Royal Hospital Chelsea mit einer sehenswerten Kapelle und Great Hall entwarf Christopher Wren ab 1682 (Royal Hospital Road, täglich 10–17 Uhr), www.chelsea-pensioners.co.uk.

3 Angelas Trinkbrunnen

Von einer außerordentlichen Frau gestiftet

In einem der schönsten Londoner Parks steht ein reich geschmücktes, neugotisches Oktagon. Aus dem Burdett-Coutts Memorial Drinking Fountain fließt kein Wasser mehr, aber er bleibt ein Kleinod im Park. Arkadenpfeiler aus rotem Granit stützen einen Oberbau aus hellem Sandstein und ein steiles Dach mit vier Uhren und einer goldenen Meerjungfrau als Wetterfahne. Auf vier Seiten der Brunnenkammer reiten Putten auf Delphinen. Aus steinernen Töpfen zu ihren Füßen floss das Wasser einst in Becken aus grauem Granit. Dank angeketteter Metalltassen konnten Parkbesucher ihren Durst löschen.

Zur Eröffnung im Jahr 1862 kamen 10.000 Menschen. Angela Georgina, die erste Baronin Burdett-Coutts (1814–1906), hatte 6.000 Pfund gespendet, um die arme Bevölkerung des East End mit sauberem Trinkwasser zu versorgen. Das konnte sie sich leisten, denn im Alter von 23 Jahren hatte sie etwa 1,8 Millionen Pfund von ihrem Großvater Thomas Coutts geerbt. Er besaß eine heute noch existierende Privatbank. Es versteht sich, dass viele Männer um die Hand der reichsten Erbin Englands warben – vergeblich, denn Angela war eine unabhängige Frau, die ihr Vermögen lieber für gute Zwecke als für einen Ehemann ausgab. Die Liste der von ihr unterstützten Projekte ist lang: ein Heim und eine Ausbildung für in die Prostitution abgerutschte junge Frauen, die Gründung eines Kinderschutzvereins, der Bau von Schulen, Trinkwasser für Jerusalem, ein Markt im Londoner East End.

Als Baronin Burdett-Coutts im Alter von 67 Jahren endlich heiratete, war die High Society schockiert: Der glückliche Bräutigam war ihr 29 Jahre alter Sekretär. Da er gebürtiger Amerikaner war, verlor sie unter den Bestimmungen der Erbschaft die Hälfte ihres Einkommens – aber die Ehe war glücklich. König Edward VII. nannte sie »nach meiner Mutter (Queen Victoria) die bemerkenswerteste Frau im Königreich«.

Adresse Victoria Park, Hackney, E3 5TB | ÖPNV Bahnhof Cambridge Heath ab Liverpool Street, entlang Bishop's Way zum Regent's Canal, über die Fußgängerbrücke in den Park | Öffnungszeiten Park: täglich 7 Uhr bis zum Einbruch der Dunkelheit | Tipp The Hub Café, zentral gelegen im Park (täglich 9–16 Uhr, https://thehubvictoriapark.net).

4 Apothecaries' Hall

Zunfthalle der Apotheker

In den Gassen zwischen Ludgate Hill und der Themse ist das alte, kleinteilige London noch zu spüren – zum Beispiel in der engen Black Friars Lane neben dem Eisenbahnviadukt. Hier lebten einst die Dominikaner, die schwarzen »friars« (Bettelmönche), deren Speisesaal nach der Auflösung aller englischen Klöster zum Theater wurde. Shakespeare spielte dort – der Ort heißt heute Playhouse Yard – und kaufte ein Haus im angrenzenden Ireland Yard. Einen anderen Teil des Klosters übernahm 1632 die Society of Apothecaries, eine der 108 Londoner »Livery Companies«.

Die Livery Companies (»Livree« – jede hat einen eigenen Talar) entstanden im Mittelalter als Zünfte der Schneider, Weinhändler, Goldschmiede und so weiter. Sie regelten Handel und Handwerk, hatten religiöse Aufgaben und wählten den Bürgermeister, den »Lord Mayor«. Sie bestehen heute noch, meist als wohltätige Organisationen, aber manche erfüllen weiterhin Aufgaben als Berufsverband. Die Apotheker besitzen die älteste verbliebene Zunfthalle mit Räumen aus der Zeit um 1670, darunter die 18 Meter lange Great Hall mit Eichentäfelung, einem riesigen Leuchter und Porträts ehemaliger Würdenträger. Die bescheidene Fassade in der Black Friars Lane schmückt ein Wappen, auf dem Apoll einen Drachen, Symbol der Krankheit, besiegt.

Die ursprünglich zur Zunft der Pfefferhändler gehörenden Apothecaries erhielten 1617 eine eigene Gesellschaft. 1673 gründeten sie zu medizinischen Zwecken einen botanischen Garten, den wunderschönen, noch existierenden Chelsea Physic Garden. Zu den Mitgliedern gehörten der Dichter John Keats und Elizabeth Garrett Anderson (1836–1917), die erste englische Ärztin. Bis 1922 betrieb die Society einen pharmazeutischen Handel. Heute ist sie eine Prüfinstanz für medizinische Spezialgebiete und verleiht einen Preis für Medizingeschichte. Die Ältesten der Gesellschaft dürfen heute noch den Lord Mayor wählen.

Adresse Black Friars Lane, EC4V | **ÖPNV** Blackfriars (Circle, District Line) | **Tipp** Trost dafür, dass Apothecaries' Hall (www.apothecaries.org) fast nie öffentlich zugänglich ist, bietet der Pub The Black Friar (Ecke New Bridge Street, am Ende der Black Friar Lane nach rechts) mit einem wunderbaren Interieur, einem Gesamtkunstwerk im Arts-&-Crafts-Stil.

5 The Argyll Arms

Kneipenhimmel neben Shopping-Hölle

In der überfüllten Oxford Street geben sich Londoner und Besucher aus aller Welt dem kollektiven Kaufrausch hin. Viele finden diese Straße unerträglich, und auch Modefans, die freiwillig dorthin gehen, brauchen nachher eine Erfrischung. Wie praktisch, dass es in der Seitenstraße Argyll Street eine der allerschönsten Kneipen gibt! Der Herzog von Argyll residierte im 18. Jahrhundert dort, und das Kneipenschild zeigt das herzogliche Wappen (»arms«). Seit 1742 steht ein Wirtshaus in der Straße, das herrliche Interieur des Argyll Arms stammt aber aus dem Jahr 1895, aus einem Goldenen Zeitalter der Kneipeneinrichtung. Brauereien kauften damals Pubs und ließen sie prächtig renovieren, da die Konkurrenz durch andere Amüsierbetriebe wie Theater wuchs. Außerdem wollte man angesichts einer Anti-Alkohol-Bewegung ein wenig Niveau zeigen.

The Argyll Arms glänzt mit einer Einrichtung aus dunklem Holz, Spiegeln und geätztem Glas. Die Vorliebe für gemütliche kleine Räume (»snugs«) zwecks Diskretion und der Trennung von sozialen Schichten ist hier sichtbar.

Wer von der Straße durch die Tür rechts eintritt, kommt in den ersten Snug. Zwei weitere waren nur durch die linke Tür über einen Flur zu betreten. Die Trennwände bestehen aus geschnitztem Mahagoni und Milchglas mit eingeätzten Mustern – Pflanzenmotive, Vasen, Füllhörner. Gedämpftes Lampenlicht dringt durch die Scheiben, funkelt in verzierten Spiegeln und erzeugt ein magisches Spiel von Hell und Dunkel. Verstärkt wird diese Stimmung von der dunkelrot gestrichenen Decke aus Linkrusta, einem historischen Tapetenmaterial mit Reliefmuster. Im hinteren Bereich befindet sich ein seltenes erhaltenes Beispiel eines Wirtsbüros, auch mit Abtrennungen aus Glas und Mahagoni.

Viele tolle Kneipeninterieurs gingen verloren, doch das denkmalgeschützte Argyll Arms bleibt traditionsbewussten Trinkern und erschöpften Shoppern erhalten.

Adresse 18 Argyll Street, W1F 7TP | ÖPNV Oxford Circus (Bakerloo, Central, Victoria Line) | Tipp Fahren Sie zwei Stationen Richtung Osten mit der Central Line nach Holborn, um herrliche Fliesen und Spiegel sowie eine historische Herrentoilette im Pub The Princess Louise (Adresse: 209 High Holborn) zu bewundern.

6 The Athenaeum Club

Die Göttin bittet nicht jeden hinein

Aus den grauen Steinfassaden im »Clubland«, dem Revier der altehrwürdigen Clubs für Gentlemen im Stadtteil St James's, sticht eine dank eines cremefarbenen Anstrichs, einer Nachbildung des Parthenonfrieses auf blauem Grund und einer goldglänzenden Frauenfigur hervor. Die Göttin Athene steht mit Helm und Speer über den Säulen des Portals und scheint mit ausgestreckter linker Hand und gesenktem Blick würdige Sterbliche in den Club einzuladen.

Ein Kreis eminenter Personen um den Politiker und Schriftsteller John Wilson Croker und den Maler Sir Thomas Lawrence gründete den Athenaeum Club 1824 als Refugium und Treffpunkt für Männer mit herausragenden Leistungen in Wissenschaft, Kunst und Literatur. Im Gegensatz zu anderen Clubs, deren Reihen sich beispielsweise aus Armeeoffizieren, Politikern, Weltreisenden oder Spielern und Trinkern rekrutierten, galt er als Hort der Intellektuellen. Die Entscheidung für den teuren Parthenonfries (die Alternative war ein Eislager für gastronomische Zwecke) unterstrich den geistigen Anspruch. Zu den Mitgliedern gehörten Charles Darwin und bisher 52 Nobelpreisträger, die Autoren Joseph Conrad und Rudyard Kipling und der Maler J. M. W. Turner. Der Wissenschaftler Michael Faraday – sein Rollstuhl wird als Devotionalie aufbewahrt – sorgte bereits 1886 für elektrische Beleuchtung der Räume. Am Fuß der breiten Treppe versöhnten sich 1863 nach jahrelangem Zwist die Autoren Charles Dickens und der sterbenskranke William Makepeace Thackeray.

Heute sind Staatsminister, hochrangige Beamte und Bischöfe in den erlauchten Räumen zu finden. Wer aufgenommen wird – Frauen erst seit 2002! –, darf im Club speisen und übernachten, die 80.000 Bände der imposanten Bibliothek lesen, Gäste zu privaten Veranstaltungen einladen oder einfach im Morning Room in einem ledernen Sessel unter wuchtig gerahmten Porträts bei der Zeitungslektüre einschlafen.

Adresse 107 Pall Mall, SW1Y 5ER | **ÖPNV** Piccadilly Circus (Bakerloo, Piccadilly Line) | **Öffnungszeiten** Vergessen Sie es! – Es sei denn, ein Mitglied lädt Sie ein. | **Tipp** Ein Spaziergang entlang Pall Mall führt an einigen nicht durch Schilder markierten Clubs vorbei: der Travellers Club, 104 Pall Mall; der Reform Club, 106 Pall Mall; der Army and Navy Club, 36 Pall Mall; der Oxford and Cambridge Club, 71 Pall Mall.

7 The Barbican

Denkmalgeschützte Betonburg mit Kultur

In der »City« wohnt kaum jemand, heißt es. Gemeint ist die Quadratmeile innerhalb Londons historischer Stadtmauer, heute ein Arbeitsplatz für mehr als 300.000 Menschen und Wohnort für nicht einmal 12.000. Ein Drittel dieser Bevölkerungszahl hat ihr Zuhause in einem Viertel namens The Barbican.

Die Bomben des Zweiten Weltkriegs machten aus der Pfarrei Cripplegate ein unbewohntes Trümmerfeld. Um der City neues Leben einzuhauchen, begannen kurz nach 1950 Planungen für ein Neubaugebiet, aber erst Mitte der 1970er Jahre war das Projekt weitgehend abgeschlossen. Das Ergebnis: knapp über 2.000 Wohnungen in einer Architektur aus rauem dunkelgrauem Beton, viele davon in drei 42-stöckigen, 123 Meter hohen Türmen. Das Labyrinth aus Treppen und erhöhten Gängen zwischen den 13 Wohnblöcken führt jeden Uneingeweihten in die Irre. »Barbican« bedeutet das »Vorwerk einer Festung«, und dieser Komplex verschließt sich tatsächlich der Außenwelt. Ein Unort also?

The Barbican erfreut sich als Wohnlage unerwarteter Beliebtheit. Autoverkehr fehlt, und die Geschlossenheit der Anlage hält den Stadtlärm fern. Stattdessen lauscht man plätscherndem Wasser auf der Caféterrasse und in Gärten neben dem großen Teich, in dem Seerosen und Schilf wachsen. Im Barbican Arts Centre gibt es Theater, Programmkino, Konzerte, Ausstellungen und einen Wintergarten mit 2.000 tropischen Pflanzen. Auch Historisches ist hier zu finden, beispielsweise St Giles-without-Cripplegate, eine 1.000 Jahre alte Gründung. In dieser Kirche, 1394 in ihrer heutigen Gestalt gebaut und immer wieder erneuert, heiratete Oliver Cromwell, und die Gebeine des Dichters John Milton ruhen hier. Ein Wassergraben und Gärten säumen Reste der Stadtmauer auf ihren römischen Fundamenten. Da die äußeren Steine entwendet wurden, blieb nur der Kern übrig – grobes Mauerwerk, kaum schöner als die Oberfläche der Betontürme.

Adresse nördlich von London Wall, EC2Y 8DT | **ÖPNV** Barbican (Circle, Hammersmith & City, Metropolitan Line) | **Öffnungszeiten** Wintergarten meist So 11–17 Uhr, siehe www.barbican.org.uk, Suchbegriff Conservatory | **Tipp** Südlich von The Barbican steht Guildhall, Londons historisches Rathaus, auf den Resten eines römischen Amphitheaters, das wie die 1411 erbaute Halle und angeschlossene Kunstausstellung zugänglich ist (täglich 10–16.30 Uhr, www.cityoflondon.gov.uk).

8 Belgrave Square

Eine Familie hält ihr Vermögen zusammen

Eine geglückte Heiratspolitik war in vergangenen Jahrhunderten der Schlüssel zum Erfolg für so manches Adelsgeschlecht. Im Fall der Familie Grosvenor, deren Oberhaupt den Titel Herzog von Westminster trägt, wirkt eine gelungene Brautwahl bis in die Gegenwart, denn die einst unbebauten Ländereien, die eine Erbin im 17. Jahrhundert in die Ehe brachte, sind jetzt die begehrten Stadtviertel Mayfair, Belgravia und Pimlico. Diese Besitztümer gehören immer noch der Familie und machen den 1991 geborenen siebten Herzog zum reichsten britischen Adligen.

Besonders nobel wohnt man in Belgravia, zum Beispiel am Belgrave Square. In der Nordecke des Platzes steht ein Denkmal für Robert Grosvenor, der in den Jahren bis 1840 auf einem sumpfigen, für Wegelagerer berüchtigten Gelände die klassizistischen Häuserreihen mit ihren Säuleneingängen und weißen Stuckfassaden bauen ließ. Auf jeder Seite von Belgrave Square entwarf der Architekt George Basevi eine Reihe von elf oder zwölf imposanten Häusern. Dazwischen, in den Ecken, entstanden frei stehende Stadtpaläste, während das weitläufige Areal in der Platzmitte als Park angelegt wurde. Wo damals Aristokratie oder Geldadel wohnte, haben heute die Botschaften von Deutschland, Portugal, Serbien, Bahrein, Norwegen und Syrien eine repräsentative Adresse. Der Herzog selbst hat seine Londoner Residenz am nahe gelegenen, nach dem Landsitz der Familie benannten Eaton Square. Zu seinen Nachbarn zählen Roman Abramovich und Andrew Lloyd Webber.

Eingezäunt, abgeschlossen und teilweise durch Sträucher vor den Blicken neugieriger Normalbürger versteckt, ist der Garten von Belgrave Square. Doch einmal jährlich im Juni beim Open Garden Squares Weekend hat jeder die Gelegenheit, in Gärten zu spazieren, die sonst Anwohnern vorbehalten sind. Wer selbst in den Besitz eines Schlüssels kommen will, sollte einige Millionen Pfund übrig haben.

Adresse Belgrave Square, SW1X 8PZ | **ÖPNV** Hyde Park Corner (Piccadilly Line) | **Tipp** Hinter der deutschen Botschaft im Belgrave Mews befindet sich eine empfehlenswerte Kneipe, The Star Tavern, die das gute Bier der Londoner Brauerei Fullers ausschenkt und deftiges Pub-Essen zu annehmbaren Preisen serviert.

9 Berry Bros. & Rudd

Weinhändler seit 300 Jahren

Schon der dunkelgrüne Anstrich des Weingeschäfts erzählt von einer langen Geschichte. Die Flächen um Fenster und Türen sehen aus, als hätte man sie hundertmal überstrichen, aber nie richtig abgeschliffen. Sie weisen Dellen, Beulen und abgerundete Kanten auf, besitzen einen gediegenen Glanz. Die Eichentäfelung und der abschüssige Dielenboden im dunklen Interieur verstärken den Eindruck. Das Haus stammt aus dem Jahr 1731, aber bereits 1698 gründete die Witwe Bourne an dieser Adresse einen Lebensmittelhandel, der für Gewürze, Tee und Kaffee, bald auch für Wein bekannt wurde. Hinweise auf diesen Ursprung bleiben: das Schild mit Kaffeemühle am Eingang und innen eine riesige Waage für Kaffeesäcke, mit der auch Kunden gewogen wurden. Die Ergebnisse, zum Beispiel das Körpergewicht von Lord Byron, trug man in ledergebundene Bücher ein.

1810 übernahm George Berry das Unternehmen. Es trägt heute den Namen seiner beiden Söhne und des späteren Partners Hugh Rudd, eines Fachmanns für deutsche Weine, und beschäftigt heute sieben ausgebildete »masters of wine«, um anspruchsvolle Kunden zu beraten. Das Einzelhandelsgeschäft zog 2017 um die Ecke in die Pall Mall Nr. 63. Dort kostet die Flasche zwischen £ 10 und £ 10.000. Wenn man nach einem seltenen Jahrgang fragt, wird der Wein aus den drei Stockwerke tiefen Kellerräumen unter dem alten Laden geholt.

Die Langlebigkeit des Ladens ist auch auf seine Lage zurückzuführen, denn im Stadtteil St James's hat der Gentleman seinen Privatclub und die wichtigsten Lieferanten. Gegenüber von Berry Bros. verkauft Truefitt & Hill alles für die perfekte Rasur. Nebenan befinden sich das Hutgeschäft Lock, der Schuhmacher Lobb und die Zigarren von Dunhill. Nicht weit entfernt in der Jermyn Street bestellt man feine Hemden. Bei aller Tradition gibt sich Berry Bros. modern mit Onlineverkauf – aber stilvoller geht es vor Ort.

Adresse 3 St James's Street, SW1A 1EG | ÖPNV Green Park (Piccadilly, Victoria Line) | Öffnungszeiten Mo–Fr 9–18 Uhr, Sa 10–16 Uhr, www.bbr.com | Tipp Der Pub Red Lion (Mo–Sa 11.30–23 Uhr) in der Gasse Crown Passage zwischen King Street und Pall Mall besitzt ein stimmungsvolles historisches Ambiente.

10 Die Bevis-Marks-Synagoge

300 Jahre jüdische Gemeinde

Dass Londons älteste Synagoge zwischen Bürohäusern des Finanzviertels versteckt liegt, ist nicht die Folge moderner Bauwut: Im Entstehungsjahr durfte kein jüdisches Gotteshaus direkt an einer öffentlichen Straße stehen. Angesichts des tosenden Verkehrs und stetigen Baulärms ist die Lage in einem Hof abseits der Straße Bevis Marks heute ein Segen für die Gemeinde und für Besucher, die eine historische Stelle und ein architektonisches Kleinod würdigen möchten.

Nachdem 350 Jahre lang keine jüdische Gemeinde in England geduldet wurde, durften ab 1656 aus Spanien und Portugal vertriebene Juden, die bereits seit Jahren in London ihre Religion heimlich ausübten, eine kleine Synagoge in der Creechurch Lane nahe Bevis Marks etablieren. Die Gemeinde florierte und konnte den Baumeister Joseph Avis beauftragen, eine neue Synagoge zu errichten, die im Jahr 1701 eröffnet und seitdem kaum verändert wurde.

Auffällig im Inneren sind das erhöhte Lesepult und an der Ostwand der reich verzierte Thoraschrein aus bemalter Eiche mit korinthischen Säulen und kunstvollen Holzschnitzarbeiten. Sieben verzweigte Kerzenleuchter aus Messing symbolisieren die Wochentage, die zwölf Säulenstützen der Frauengalerie stehen für die israelitischen Stämme. Einfache Sitzbänke in den hinteren Reihen stammen noch aus dem Bethaus in der Creechurch Lane.

Im 19. Jahrhundert schloss die Synagoge beinahe, da alteingesessene Juden aus der City wegzogen und arme jüdische Immigranten in den östlichen Stadtteilen siedelten. Heute finden Gottesdienste frühmorgens an Wochentagen für Bankangestellte statt, und der stimmungsvolle Raum ist für Hochzeiten beliebt. Der jüdische Kult wird hier seit über 300 Jahren ununterbrochen praktiziert – womit diese Synagoge in ganz Europa eine Alleinstellung hat.

Adresse Bevis Marks, E1 7AA | ÖPNV Aldgate (Central, Metropolitan Line) | Öffnungszeiten Mo, Mi, Do 10.30–14 Uhr, Di und Fr 10.30–13 Uhr, So 10.30–12.30 Uhr | Tipp Das Jewish Museum im Stadtteil Camden (129 Albert St, U-Bahn Northern Line nach Camden Town, So–Do 10–17 Uhr, Fr 10–14 Uhr) widmet sich jüdischer Kultur und der Geschichte der Juden in Großbritannien (https://jewishmuseum.org.uk).

11 Die Bootsgärten

Kirschblüte auf dem grauen Fluss

Einige hundert Meter abwärts der Tower Bridge wartet eine Überraschung am südlichen Flussufer. Es grünt – mitten auf der Themse. An der Anlegestelle Tower Bridge Moorings dümpelt eine dicht zusammengedrängte Flotte alter Kähne vor Anker. Es sind 30 historische Boote, die hier aneinandergebunden sind, wovon sieben einen grünen Korridor bilden.

Die Idee entwickelte der Architekt Nick Lacey in den 1990er Jahren. Zuerst wurde der Kahn »Silo« bepflanzt – mit Buchsbaumhecken, Geißblatt und einer Traueresche. Bald zierten Flieder, Birken, Birnbäume, auch Klematis und Kletterjasmin die anderen Gartenboote. Die Blüte beginnt bereits im Winter mit der frühen Kirsche, im Herbst leuchten Laub und Beeren. Auch immergrüne Stechpalmen und Steineichen gedeihen. Sieht man auf Londons Wasserwegen immer wieder Boote mit improvisierten Dachgärten, handelt es sich hier um ein zusammenhängendes Konzept: Flussaufwärts wächst eine Reihe Mispeln, als Pendant am östlichen Ende eine Quittenallee. Unter den Sträuchern und Bäumen Kräuter, Gräser, Farne und viele, viele Blumen – Schwertlilien, Wicke, Kapuzinerkresse …

Gepflanzt wird in 30 Zentimeter tiefen Stahlwannen. Zwei Gärtner pflegen mit Unterstützung der Anwohner die Anlagen. Alles ist biologisch, damit viele Bienen und Vögel angelockt werden. Obwohl Blaumeisen, Goldfinken und Zilpzalpe regelmäßig zu Besuch sind, haben Schnecken hier wenige natürliche Feinde und müssen mit der Hand entfernt werden. Gänse und Blesshühner brüten schon mal auf den Booten ihre Eier aus. Über die Gartenkähne haben etwa 70 Bewohner eines schwimmenden Dorfs Zugang zu ihren Wohnungen und Studios. Hier hat sich eine kreative Gemeinschaft etabliert. 2004 trotzte sie den Bemühungen der Behörden, sie zu vertreiben, heute ist die Gefahr längst gebannt – und die Boote gewannen schon die Goldmedaille des Stadtrats von Southwark für den besten »community garden«.

Adresse 31 Mill Street, SE1 2AX | **ÖPNV** Bermondsey (Jubilee Line) | **Öffnungszeiten** nur zu besonderen Anlässen, Infos unter www.ngs.org.uk oder www.opensquares.org | **Tipp** Direkt neben der Anlegestelle mündet der River Neckinger in die Themse. Die Straßen an dessen Ufern, Mill Street und Shad Thames, bieten mit historischen, zu Wohnungen umgebauten Speichern einen stimmungsvollen Spaziergang.

12 Die Botschaft von Ecuador

Sieben Jahre Asyl für Julian Assange

Das Haus ist unscheinbar, doch die Aufmerksamkeit globaler Medien war jahrelang auf seinen runden Eckbalkon gerichtet. Am 19. Juni 2012 erhielt der Australier Julian Assange, Gründer von Wikileaks, dort Asyl. Die britische Justiz wollte ihn nach Schweden ausliefern, wo er wegen Vergewaltigungsvorwürfen mit internationalem Haftbefehl gesucht wurde. Aus Furcht, Schweden könnte ihn dann in die USA abschieben, wandte sich Assange an Ecuador. Der Andenstaat hatte sich mit Washington überworfen, und Assange hatte mit Enthüllungen über den Irak-Krieg den Zorn der amerikanischen Regierung auf sich gezogen.

Sieben Jahre lang teilte er mit den Diplomaten die acht Zimmer der Botschaft in einer Seitenstraße des Stadtteils Knightsbridge. Gelegentlich stellte er sich der Presse auf dem Balkon oder gab sich mit erhobener Faust kämpferisch für Sympathisanten. Er empfing prominente Besucher wie die Sängerin Lady Gaga, die Schauspielerin Pamela Anderson und den umstrittenen Politiker Nigel Farage, aber meist erhaschten die Fotografen lediglich Bilder von Assanges Katze, die – mit Kragen und einer bunten Kollektion von wechselnden Mini-Krawatten angezogen – sehnsuchtsvoll aus dem Fenster starrte.

In diesen Jahren kostete den britischen Staat die polizeiliche Überwachung vor dem Haus 12 Millionen Pfund, etwa halb so viel soll Ecuador für Sicherheit und Verpflegung bezahlt haben. Assange überdauerte drei Botschafter, überwarf sich dann aber mit seinem Gastgeber. Er habe die Botschaft ausspioniert, das Personal beleidigt und mit unhygienischer Lebensweise belästigt, hieß es. Im April 2019 übergab die Botschaft den mittlerweile gesundheitlich angeschlagenen, weißhaarig gewordenen Gast der Polizei, die ihn unter Protest in einen Van zerren musste. Assange erhielt 50 Wochen Haft wegen Kautionsbruch, und die Botschaft von Ecuador kam wieder zur Ruhe.

Adresse 3 Hans Crescent, SW1X 0LN | **ÖPNV** Knightsbridge (Piccadilly Line) | **Tipp** Harrods an der nächsten Ecke hat eine sehenswerte Inneneinrichtung, vor allem in den Food Halls, ist aber eine Touristenfalle. Londoner shoppen lieber im edlen Kaufhaus Harvey Nicols, Ecke Sloane Street / Knightsbridge.

13 Brixton Market

Farbenknall und Geschmacksexplosion

Der Stadtteil Brixton hat ein ständiges Auf und Ab erlebt. Im späten 19. Jahrhundert wohlhabend, dann eher ein Arbeiterviertel, nach dem Krieg das Wohnviertel von Schwarzen aus Jamaika – die Ersten kamen 1948 direkt vom Schiff zur Notunterkunft in einem Südlondoner Tiefbunker, das nächste Arbeitsamt war in Brixton –, heute ein recht gemischtes Viertel mit Immigranten aus vielen Ländern, auch aus Afrika und Südamerika. Spätestens 1981 hatte Brixton einen schlechten Ruf. Auslöser waren Krawalle von Jugendlichen, die sich von der Polizei diskriminiert fühlten. Die Probleme blieben bis heute, aber Brixton verzeichnet seit Jahren einen Aufwärtstrend. Dazu beigetragen haben die kreative Kulturszene und die pulsierenden Märkte.

Mit Rasta-Locken, Kopftüchern und afrikanischen Gewändern sehen Händler und Kunden wahrlich multikulturell aus. Ähnlich vielfältig sind die Waren: Yamswurzeln, Kochbananen und Maniok, getrockneter Fisch aus Westafrika, religiöse Artikel aus Haiti, chinesische Kräuter, riesige Kochtöpfe, Mülleimer voller Besen und Wischmopps. Von der Hauptstraße Brixton Road geht die Reliance Arcade ab: eine enge Art-Déco-Passage voller winziger Friseurgeschäfte, in denen Frauen sich die Haare kunstvoll flechten lassen. Am Ende der Arcade geht es über die Electric Lane geradeaus in die überdachte Market Row und weiter zur hell angestrichenen Markthalle Brixton Village. Hier ertönt Salsa-Musik aus dem kolumbianischen Metzgergeschäft, andere Buden vibrieren mit Reggae und Soul. Ein wenig Gentrifizierung klingt an, denn Läden für Design und Vintagemode kamen in den letzten Jahren hinzu, außerdem Esslokale mit Weltküche: jamaikanisches Curry, Peking-Knödel, Sauerteigpizza, Gourmetburger. Auch in der Parallelstraße Electric Avenue blüht das Marktgeschehen – hier ist Kleidung in den Rastafari-Farben oder mit dem Konterfei von Bob Marley der Verkaufsrenner.

Adresse Electric Avenue, SW9 8JX | ÖPNV mit Bahn oder U-Bahn Victoria Line erreichbar | Öffnungszeiten täglich, Infos unter www.brixtonmarket.net | Tipp Jenseits der Bahntrasse, über die Pope's Road erreichbar, liegt Pop Brixton, ein cooles Containerdorf für kreative Start-ups mit Markt, Streetfood, Cocktails und Musikevents (So–Mi 9–23 Uhr, Do–Sa 9–24 Uhr).

14 Brockwell Park

Adele war zu Tränen gerührt

Zwischen den endlosen Häuserreihen der Südlondoner Stadtteile Brixton, Herne Hill und Tulse Hill erstreckt sich auf 50 Hektar ein Gelände mit vielfältigen Attraktionen. Die Sängerin Adele wuchs in dieser Gegend auf und erklärte einmal, warum sie Sommerfestivals vermied: »Ich saß lieber mit meinen Freunden in Brockwell Park und trank Cidre.« Dabei war der Park oft ein Ort für Musikfestivals, auf denen Künstler wie Elvis Costello und Grace Jones aufgetreten sind.

Auch an veranstaltungsfreien Tagen fehlt es nicht an Unterhaltung. Hügelige Wiesen geben einen weiten Blick auf die Skyline der Innenstadt frei. Schwäne schwimmen auf Teichen im westlichen Teil des Parks, am Ostrand Menschen im Brockwell Lido, einem denkmalgeschützten, renovierten Freibad aus den 1930er Jahren. Kunstfreunde erfreuen sich an Skulpturen, Kinder und Jugendliche an Spielplätzen, Miniatureisenbahn und BMX-Halfpipe. Mitten drin steht Brockwell Hall, vor 200 Jahren als Landsitz eines Kaufmanns erbaut. 1891 erwarb der Londoner Stadtrat das Anwesen und machte den Park öffentlich zugänglich. Heute beherbergt Brockwell Hall ein Café. Wunderschön ist der Walled Garden, ein hinter Mauern geschützter Blumengarten, in dem es schon früh im Jahr zu einer erstaunlichen Blüte kommt.

Einmal jährlich, Ende Juli, gibt sich die Großstadt rustikal. Dann ist der Brockwell Park Standort der Lambeth Country Show – einer Art Agrarmesse. Tiere von der Vauxhall City Farm werden gezeigt, es gibt Handwerksvorführungen, einen Wettbewerb im Schafe-Scheren sowie Auszeichnungen für die schönsten Gemüsesorten und Blumen. Das Großereignis ist ein Familienfest mit vielerlei Unterhaltung, darunter Tanz und Musik von Reggae bis Ska oder Samba. Ob Adele eines Tages auftreten wird? Zum Lied über ihre Jugendjahre »Million Years Ago« erklärte sie: »Ich fuhr an Brockwell Park vorbei … und brach in Tränen aus.«

Adresse Norwood Road, SE24 9BJ | ÖPNV Herne Hill, 10 Minuten Bahnfahrt ab London Victoria, 12 Minuten ab Blackfriars; zu Fuß ab U-Bahn Brixton (siehe Ort 13): 1 Kilometer südlich über Brixton Road / Effra Road, links in die Brixton Water Lane | Öffnungszeiten täglich 7.30 Uhr bis 15 Minuten vor Sonnenuntergang | Tipp Neben dem Bahnhof Herne Hill bietet die verkehrsberuhigte Railton Road eine Mischung aus Cafés und traditionellen Geschäften, außerdem einen Sonntagsmarkt (11–16 Uhr) mit Kunsthandwerk und Streetfood.

15 Die Brunswick-Platane

Bäume, die London prägen

Londons charakteristischer Baum ist die Platane. Sie verschönert zahllose Straßen, spendet Büroangestellten Schatten während der Mittagspause und ernährt mit ihren Samen die allgegenwärtigen Eichhörnchen. Wenn das Laub fällt, bleiben die schönen, kugeligen Sammelfrüchte einige Monate länger hängen. Ein besonders imposantes Exemplar, »the Brunswick plane«, steht auf dem Rasen am Brunswick Square im Stadtteil Bloomsbury. Der Stamm misst sieben Meter im Umfang. Weil die unteren Äste dieser Platane entgegen der üblichen Praxis nicht entfernt wurden, breiten sie sich in Kopfhöhe aus. Dieser Baum erhielt genug Freiraum, um seine natürliche ausladende Form zu vollenden.

Die London-Platane, auch ahornblättrige Platane (*Platanus x acerifolia*), ist eine eigene Spezies, eine Kreuzung von *P. orientalis* und *P. occidentalis*. In der Stadt erreicht sie eine Höhe von 30 bis 35 Metern, auf dem Land in Ausnahmefällen über 45 Meter. Ab dem 18. Jahrhundert wurde ihr Wert als Stadtbaum erkannt: Sie ist gegen Frost, Trockenheit und Nässe resistent, auch gegen Verdichtung der Erde und – im früher von Smog geplagten London eine wichtige Eigenschaft – gegen Umweltverschmutzung. Gifte dringen nicht leicht in den Baum ein, weil seine graue bis braune Rinde in kleinen Stücken abbröckelt und der Regen seine glatten, harten Blätter abwäscht. Die Lebensdauer der Spezies ist unbekannt, weil keine bisher an Altersschwäche starb, beträgt aber mindestens 350 Jahre.

Das Prachtstück am Brunswick Square – der Name ehrt Caroline von Braunschweig-Wolfenbüttel, Ehefrau von König George IV. – wurde wahrscheinlich bei der Anlage des Platzes zwischen 1795 und 1802 gepflanzt und hat die ursprüngliche Bebauung überdauert. Es gehört zum Baumverzeichnis »Great Trees of London«, das viele Platanen auflistet, darunter eine am Berkeley Square und ein berühmtes Exemplar vor dem Dorchester Hotel.

Adresse Brunswick Square, WC1N 1AZ | **ÖPNV** Russell Square (Piccadilly Line) | **Tipp** Für Kultur oder Erfrischungen bietet sich das Foundling Museum in der Nordostecke des Platzes mit einer erlesenen Kunstsammlung, darunter Werke von Hogarth und Gainsborough, und einem schönen Café an (Di–Sa 10–17, So 11–17 Uhr).

16 Bunhill Fields

Mittagspause zwischen den Gräbern

Grünflächen sind im Bankenviertel kostbar. Büroangestellte, die nicht schon wieder mit Kollegen in der Kantine speisen wollen, kaufen ein Sandwich oder einen Salat und suchen den nächstgelegenen Park mit Sitzbänken auf. Und wenn dieser ein Friedhof ist, wie Bunhill Fields am nördlichen Rand der City, tut's dem gesunden Appetit keinen Abbruch.

Der Name kommt von »Bone Hill«, »Knochenhügel«, weil hier im 16. Jahrhundert Knochen auf sumpfigem Gelände aufgeschüttet und mit Erde bedeckt wurden, um das überfüllte Beinhaus der St Paul's Cathedral zu entlasten. Nach dem Jahr der großen Pestepidemie 1665 kamen Tausende Leichen hinzu, und das Gelände blieb als ungeweihter Bestattungsplatz in Benutzung – in der Regel nicht für Mitglieder der Amtskirche, sondern für »Dissenters«, also Anhänger anderer protestantischer Gruppen. Bis zur Schließung 1852 fanden Zehntausende eine letzte Ruhestätte auf Bunhill Fields, darunter auch Prominenz: Daniel Defoe, Autor von »Robinson Crusoe«, der Wanderprediger John Bunyan, Autor von »The Pilgrim's Progress«, einem Hauptwerk englischer religiöser Literatur, sowie der Dichter und Künstler William Blake.

Im 19. Jahrhundert und erneut nach Kriegsschäden in den 1960er Jahren wurde der Friedhof zu einem Park umgestaltet. In dichten Reihen stehen bemooste Steine, Kreuze in Schieflage und einige aufwendige, efeubedeckte Grabbauten unter Platanen, Eichen, Eschen und Ahornbäumen. Defoe ehrt ein Obelisk, Bunyan ein Hochgrab mit der Abbildung eines Pilgers. Und dann gibt es das Grabmal von Mary Page mit einer Schilderung des Leidens, das sie tapfer ertrug. Laut Inschrift hatte sie so viel Wasser im Körper, dass ihr innerhalb von 67 Monaten bei 66 Eingriffen nicht weniger als 240 Gallonen (mehr als 1.000 Liter) Flüssigkeit entnommen wurden. Mit Blick auf diese medizinischen Einzelheiten kauen Büroangestellte genussvoll ihre Ciabatte und Baguettes.

Adresse zwischen City Road und Bunhill Row, EC1Y 2BG | **ÖPNV** Old Street (Northern Line) | **Öffnungszeiten** Mo–Fr 8–19 Uhr oder bis zum Einbruch der Dunkelheit, Sa, So ab 9.30 Uhr | **Tipp** Direkt gegenüber dem Friedhof auf der City Road befinden sich die Kapelle und das Wohnhaus des großen Predigers John Wesley (1703–1791), Gründer des »Methodism«. Ein Museum erzählt die Geschichte dieser protestantischen Gruppe (Mo–Sa 10–16 Uhr, www.wesleysheritage.org.uk).

17 Bushy Park

Der Anfang einer Massenbewegung

Die Bronzestatue der Diana in der Teichmitte entstand für eine Königin. Nun aber überwacht die Göttin ein wöchentliches Ereignis, das für viele Untertanen der Königin das Leben verändert hat.

1637 vergab König Charles I. den Auftrag für das Denkmal, ein Geschenk an seine Gattin Henrietta Maria, das 70 Jahre später aus dem Palast Hampton Court entfernt und einige hundert Meter weiter aufgestellt wurde. Der Diana-Brunnen ist immer noch ein Blickfang im Bushy Park an der Kreuzung der Kastanienallee mit der Lindenallee. Hier versammeln sich jeden Samstag durchschnittlich 700 Menschen für einen Volkslauf im Rahmen der Parkrun-Bewegung.

2004 litt der passionierte Läufer Paul Sinton-Hewitt an einer Verletzung und an Depressionen. Um sich zu kurieren, fand er diese Lösung: Für Freunde organisierte er einen Fünf-Kilometer-Lauf mit Zeitmessung durch den Bushy Park. 13 Personen nahmen teil, 3 Freiwillige wiesen ihnen den Weg. Bald kamen weitere Orte hinzu, auch außerhalb Großbritanniens. 15 Jahre nach der ersten Veranstaltung verzeichnet Parkrun fast 2.000 wöchentliche Läufe in über 20 Ländern (auch Deutschland). Seit Beginn liefen insgesamt 4 Millionen Personen eine Gesamtstrecke von 250 Millionen Kilometern. Der Lauf ist kostenlos, jeder kann mitmachen – von erstklassigen Athleten bis zu übergewichtigen Menschen. Keiner kommt als Letzter an, denn Freiwillige gehen hinter den langsamsten Teilnehmern her. Ärzte loben dieses nicht-kommerzielle, gemeinschaftliche Sportereignis in den höchsten Tönen.

Auch ohne Laufschuhe kann man sich am 445 Hektar großen Bushy Park erfreuen. Die Upper Lodge Water Garden im Nordwesten ist eine barocke Anlage mit Wasserbecken und Kaskaden, der Waterhouse Woodland Garden nördlich des Diana-Brunnens ein schöner Ort zum Spazieren unter Weiden und Birken. Erholung bietet das Pheasantry Café, auch samstags als Treffpunkt der müden Parkrunner nach dem Rennen.

Adresse Hampton Court Road, KT8 9DD (Eingang), www.royalparks.org.uk, www.parkrun.com.de | **ÖPNV** Bahn ab Waterloo nach Hampton Court, dann circa 10 Minuten Fußweg über die Themse und am Hampton Court Palace vorbei | **Öffnungszeiten** Park: rund um die Uhr; Water Gardens, Woodlands Gardens: täglich 9 Uhr bis zum Einbruch der Dunkelheit (Water Gardens Mo geschlossen); Pheasantry Café: März–Okt. 9–18 Uhr (im Winter 9–17 Uhr) | **Tipp** Vom Diana-Brunnen führt die Kastanienallee zum Löwentor des Palasts Hampton Court, wo wunderschöne Blumengärten und das Tiltyard Café kostenlos zugänglich sind.

18_Cabbies' Shelter bei Grosvenor Gardens

Denkmalgeschützter Pausenraum für Taxifahrer

Das Londoner Taxi ist weltweit berühmt. Rund 21.000 »black cabs« – so genannt, obwohl längst nicht mehr alle schwarz – sind auf den Straßen der britischen Hauptstadt unterwegs. Nur noch 13 an der Zahl und weitaus weniger bekannt sind die denkmalgeschützten grün gestrichenen Holzhütten, die im späten 19. Jahrhundert für die Verpflegung der Droschkenfahrer errichtet wurden. Damals durften die Fahrer ihre zweirädrigen Kutschen während der Dienstzeit nicht verlassen und bekamen deshalb selten eine heiße Mahlzeit. Zwischen 1875 und 1914 baute ein eigens dafür gegründeter karitativer Verein 61 Hütten an den Standplätzen der Cabs. Weil sie im Straßenverkehr standen, durfte die Fläche nicht größer sein als die eines Pferds mit Kutsche, aber jede Hütte wurde mit einer kleinen Küche und Sitzgelegenheiten für zehn bis zwölf Personen ausgestattet. Alkohol und Glücksspiele waren verboten, Verlage spendierten erbauliche Literatur und Zeitungen.

Einige »cabbies' shelters«, beispielsweise diejenigen in Grosvenor Gardens, in Thurloe Place gegenüber dem Victoria and Albert Museum, nahe der U-Bahn-Station Temple und auf dem Hanover Square bei Oxford Circus, versorgen bis heute die Taxifahrer mit Tee, Kaffee, belegten Brötchen und kleinen Mahlzeiten zu günstigen Preisen.

Andere Hütten, zum Beispiel am Russell Square und nahe der U-Bahn-Station Embankment, stehen nur noch als Denkmal. Trotz der bescheidenen Größe ist ihre Architektur würdevoll. Sprossenfenster und Lochverzierungen in Form von Pflanzenmustern gliedern die Fassaden. Auf allen Seiten gibt es Dreiecksgiebel, in der Mitte des Holzschindeldachs einen Rauchabzug. Dachvorsprünge an den Schmalseiten schützen Taxifahrer und andere Hungrige beim Teeausschank. Ein einfaches, durchdachtes, gefälliges Design.

Adresse Grosvenor Gardens, Westseite, SW1W | **ÖPNV** Victoria (Circle, District, Victoria Line) | **Tipp** Die bronzene Skulpturengruppe eines Löwen auf der Jagd nach einer Antilope in den Upper Grosvenor Gardens schuf der Bildhauer Jonathan Kenworthy im Auftrag von Gerald Grosvenor, dem sechsten Herzog von Westminster.

19 Chinatown

Fernöstliches Flair in Soho

Immigrantengruppen prägen verschiedene Londoner Stadtteile – oft ärmere Gebiete, in der Regel außerhalb der Innenstadt. So gibt es Little Portugal an der South Lambeth Road, ein arabisches Viertel an der Edgware Road und einen ganzen Punjabi-dominierten Vorort weit westlich in Southall. Chinatown aber besitzt durch die Lage im teuren West End eine Sonderstellung. Um die Gerrard Street und Lisle Street befinden sich 80 chinesische Restaurants. Rot gestrichene chinesische Tore mit glasierten Dachziegeln begrüßen Besucher, zwei glupschäugige steinerne Löwen stieren die Macclesfield Street hinauf, in den Fenstern hängen gebratene Pekingenten, und die Straßennamen sind mit chinesischen Schriftzeichen markiert. Chinatown ist eine bunte, quirlige Touristenattraktion – aber ist sie auch authentisch?

Im 18. Jahrhundert wohnten chinesische Seeleute in den Hafengebieten, wo vor 100 Jahren der Stadtteil Limehouse für chinesische Wäschereien bekannt war. Der Bombenkrieg zerstreute diese Gemeinden, aber neue Chancen boten sich mit der Rückkehr britischer Soldaten aus Fernost, die eine exotische Küche zu schätzen gelernt hatten. Einige chinesische Restaurants öffneten im heruntergekommenen Soho, Kantonesen wanderten aus der Kolonie Hongkong ein – und langsam entstand ein Chinatown. Chinesen wohnen tatsächlich hier und führen neben Restaurants gut sortierte Supermärkte, Bäckereien, Kräuterläden und Heilpraxen. Sie haben eigene Anwälte, Reisebüros und Steuerberater. In der Charing Cross Road wurde die Westminster Chinese Library, am Leicester Court ein Bürgerbüro eingerichtet.

Paradoxerweise gibt es neben dieser hohen Konzentration um die Gerrard Street auch eine auffällige Streuung der geschätzten 100.000 Londoner Chinesen durch das ganze Stadtgebiet. Der vermutete Grund? In den Vororten halten chinesische Restaurants aus geschäftlichen Gründen Abstand zueinander.

Adresse zwischen Shaftesbury Avenue und Leicester Square, W1D 5PJ | ÖPNV Leicester Square (Northern, Piccadilly Line) | Tipp The Oversea Chinese Restaurant, 7 Gerrard St., täglich 11–23.30 Uhr, bietet ausgezeichnete Dim-Sum-Gerichte.

20 Christie's

Niveauvoller als Auktionen bei eBay

Londons Status als eine führende Kunstmetropole ist in der Vielfalt und Qualität der dortigen Szene begründet. Die Bandbreite reicht von Museen mit Weltniveau zu schrägen Galerien im East End, von berühmten Künstlern zu anonymen, aber begabten Wandsprayern. Ein wichtiger Bestandteil dieser Szene sind drei alteingesessene Auktionshäuser: Sotheby's in der Bond Street (gegründet 1744), Bonhams in der New Bond Street (gegründet 1793) – und Christie's, um 1760 gegründet und seit 1823 in der King Street im Stadtteil St James's beheimatet.

Ist die National Gallery zu voll, die Sonderausstellung im British Museum zu teuer? Eine ruhige, kostenlose Alternative bietet ein Besuch im Auktionshaus, wo Gemälde berühmter Meister, kostbare Möbel, Skulpturen und alles, was reiche Sammler sonst noch begehren, zu bestimmten, auf der Internetseite bekannt gegebenen Terminen gezeigt werden. Jeder darf sich umschauen, keiner wird vom diskreten Personal belästigt. Wer gut angezogen ist, fühlt sich in den gediegenen Räumen wohler. Also: keine Scheu, einfach hinein durch das steinerne Portal, dann die Treppe zu drei museumsähnlichen Ausstellungsräumen hinauf. Dahinter befindet sich der Saal mit Auktionärstresen und Sitzreihen, in dem die Kunstwerke unter den Hammer kommen.

Christie's beschäftigt Experten für alles Erdenkliche: alte und zeitgenössische Gemälde natürlich, Kunst aus Afrika und Ozeanien, Schmuck, Silber und Teppiche, auch Zigarren und Wein. Anwesende Fachleute geben bereitwillig Auskunft und erwarten nicht, dass jeder Besucher ein kenntnisreicher potenzieller Käufer ist. Wenn die Exponate nicht gefallen, dann guckt man auf die anderen Besucher: distinguierte alte Herren, lässige junge Männer, gestylte Frauen, diverse Exzentriker. Wer hat Ahnung? Wer ist reich? An Auktionstagen ist es besonders spannend – und es versteht sich von selbst, dass man nicht im falschen Augenblick zuckt oder winkt.

Adresse 8 King Street, SW1Y 6QT | **ÖPNV** Green Park (Jubilee, Piccadilly, Victoria Line) | **Öffnungszeiten** Mo–Fr 9.30–16.30 Uhr, www.christies.com | **Tipp** Wer Kunst bei Christie's ersteigert, kann sich auch das nahe gelegene Restaurant The Wolseley (160 Piccadilly, täglich 8–24 Uhr, www.thewolseley.com) leisten.

21 City Hall

Ein Reichstag für London

Was für eine Lage! City Hall steht am südlichen Themseufer neben der Tower Bridge mit Blick auf die Bankentürme. Gegenüber liegt die mehr als 900 Jahre alte Festung, The Tower of London. Natürlich musste an dieser Stelle das neue Rathaus einer Weltmetropole etwas Besonderes werden. Was herauskam, eine zehnstöckige, abgewandelte Kugel in Schieflage, fand viel Zustimmung, wurde aber auch als ein missratenes Ei, Darth Vaders Helm und sogar als gläserner Hoden bezeichnet.

Warum erhielt London 2002 eine neue City Hall? Nördlich der Themse befindet sich die Quadratmeile der City of London, der uralte Kern der Stadt, heute das Finanzviertel. Diese »Stadt in der Stadt« hat ein historisches Rathaus (Guildhall) und einen »Lord Mayor« mit zeremoniellen Aufgaben. City Hall dagegen ist der Sitz der Greater London Authority, der Regierung der gesamten Großstadt. Dazu gehören der Bürgermeister (Mayor of London) und der Stadtrat. Weil die linke Großstadtregierung der 1980er Jahre Margaret Thatcher ein Dorn im Auge war, löste die »Eiserne Lady« sie zugunsten einzelner Stadtbezirke auf. Im Jahr 2000 stellte die Labour-Regierung sie wieder her und führte zum ersten Mal einen direkt gewählten Bürgermeister für ganz London ein. Dessen Amtssitz, City Hall, entwarfen die Architekten des erneuerten deutschen Reichstagsgebäudes, Foster und Partner, nach ähnlichen Prinzipien wie in Berlin, mit viel Glas zwecks Transparenz und einer 500 Meter langen Rampenspirale, die den Ratssaal umkreist und Einblicke verschafft – Redner sagen, sie fühlen sich wie Goldfische in einer Riesenschüssel.

Die allgemein bestaunte 31-Grad-Neigung der Fassade nach Süden dient der Energieeffizienz. Im Untergeschoss gibt es ein für alle offenes Café und ein begehbares Satellitenbild von London auf dem Boden. Und das Haus ist ein Sinnbild für die ganze Stadt: schräg, überraschend, umstritten und liebenswürdig.

Adresse The Queen's Walk, SE1 2AA | ÖPNV London Bridge (Jubilee, Northern Line) | Öffnungszeiten Mo–Do 8.30–18 Uhr, Fr 8.30–17.30 Uhr | Tipp Ein kurzer Spaziergang am Flussufer nach Westen führt zu Hay's Galleria, einem ehemaligen Lagerhaus mit Kai, das zu einem überdachten Atrium mit Restaurants und Geschäften umgestaltet wurde.

22 The Coade Stone Lion

Der Brückenlöwe mit bescheidener Herkunft

Die Ostseite der Westminster Bridge bewacht ein majestätischer steinerner Löwe mit einer üppigen Mähne. Von seinem Granitsockel am Brückengeländer scheint er zu kontrollieren, wer die Themse zum Parlament überquert. Eine würdige Erscheinung im Herzen der imperialen Hauptstadt, könnte man denken – doch handelt es sich um einen Brauereilöwen, und er ist nicht einmal aus echtem Stein.

Das Material ist tatsächlich »Coade Stone«, eine Art Steingut, das die Fabrik von Mrs. Eleanor Coade zwischen 1770 und den 1840er Jahren im Stadtteil Lambeth produzierte. Das Rezept für Coade Stone war 60 Prozent Ton mit einer Beimischung von gemahlenem Glas und Feuerstein sowie Quarz. Das Ergebnis war außerordentlich wetter- und rußbeständig, eine wichtige Eigenschaft im Londoner Smog des 19. Jahrhunderts. Die Mischung konnte in Formen gepresst werden, um Unikate oder kostengünstige Serienprodukte herzustellen und um anschließend vier Tage lang bei hoher, beständiger Temperatur gebrannt zu werden. Dank dieser technischen Meisterleistung und der Möglichkeit, Standardteile zu individuellen Designs variabel zusammenzufügen, war Coade Stone für Denkmäler und Architekturschmuck beliebt. Weitere Beispiele seiner Verwendung sind die Figuren am Eingang von Twinings (siehe Ort 100), die Grabmäler der Sealy-Familie und von Captain (»Bounty«-Meuterei) Bligh im Kirchhof von St Mary's Lambeth (siehe Ort 108) sowie Architekturdetails in der Kapelle des Old Naval College in Greenwich.

1837 schuf der Bildhauer William Woodington zwei Löwen für die Red Lion Brewery an der Themse. Nach Abriss der Brauerei 1950 wurde der Brückenlöwe von seinem roten Anstrich befreit und auf Wunsch von König George VI. vor dem Waterloo-Bahnhof aufgestellt, bis er 1966 zu seinem heutigen Standort kam. Der andere, jetzt vergoldet, prangt am Tor des nationalen Rugby-Stadions in Twickenham in West-London.

Adresse Westminster Bridge Road, SE1 7PB | ÖPNV Westminster (Circle, District, Jubilee Line) | Tipp Am ehemaligen Gelände der Red-Lion-Brauerei fand 1952 das Festival of Britain statt. Dafür entstand die Royal Festival Hall, ein Beispiel für qualitätvolle Architektur der 1950er Jahre, wo es ein Café mit Flussblick und das gute Bar-Restaurant »Skylon« gibt.

23 Cousin Lane Stairs

Eine Treppe zur Themse hinunter

In vergangenen Jahrhunderten, als unzählige kleine Boote Passagiere auf der Themse beförderten, führten Treppen bei Ebbe zu den Landestegen hinunter. In der Stadtmitte existieren nur noch wenige solcher Treppen (»Stairs«), beispielsweise am Ende von Cousin Lane, wo man bei Niedrigwasser zu einem verborgenen Strand hinabsteigen kann. (Vorsicht! Die Stufen sind nass und schlammig.) Hier sieht, hört und riecht man ein anderes London.

Der Verkehrslärm tritt etwas in den Hintergrund. Links donnern Züge über die Eisenbahnbrücke, schnelle Wassertaxis rauschen vorbei und lassen Wellen an den Strand schwappen, Kiesel knirschen unter den Füßen. Über Steine in vielen Farben, vom Strom gerundete Ziegelbruchstücke und Keramikscherben und Muscheln oder Austernschalen kann man hier etwa 100 Meter in beide Richtungen gehen. Nicht die glänzende Schauseite der Stadt ist sichtbar, sondern die vielschichtige Unterseite. Die löchrigen, mit Ziegelsteinen geflickten Kaimauern sind dunkelgrün bewachsen und mit Ketten behangen. Verrottete Hölzer ragen aus dem Flussbett. Ein rundes eisernes Tor vor einer Betonrinne, bei Sturmflut der Auslass eines Abwasserkanals, erinnert an den Walbrook, einen Bach, der schon durch die römische Stadt floss und hier in die Themse mündete. An solchen Stränden wühlen Flussströmung und Gezeiten, fördern Stadtgeschichte an die Oberfläche. Ende der 1950er Jahre tauchte nahe dieser Stelle ein Schwert aus dem 14. Jahrhundert auf. Funde von Münzen und Keramik aus allen Epochen sind an der Tagesordnung.

Die besondere Stimmung bei Cousin Lane Stairs (und vielen anderen Orten in London) fängt die Internetseite www.soundsurvey.org.uk ein, die anhand von Tonaufnahmen eine akustische Karte der Stadt erstellt: Klicken Sie auf »General Sound Map«, dann auf das Rasterfeld Nr. 56, »City, Spitalfields, Waterloo«, und scrollen Sie bis »Cousin Lane Stairs« hinunter.

Adresse zwischen der Thames Street und dem Fluss westlich von Cannon Street Station, EC4R 3TE | ÖPNV Cannon Street (Circle, District Line) | Tipp Neben Cousin Lane Stairs führt ein Weg namens Steelyard Passage unter die Eisenbahnbrücke. Hier stand jahrhundertelang der Stalhof, die Londoner Niederlassung der deutschen Hansestädte, an die eine Tafel an der Ostseite der Brücke erinnert.

24 Der Crossbones-Friedhof

Gedenkstätte für Ausgestoßene

Ein brachliegendes Grundstück hinter einer hohen Mauer in einer heruntergekommenen Ecke des Stadtteils Southwark ist zu einem Heiligtum und einem Ort populären Protests geworden. Durch die verschlossenen Tore erblicken Passanten nur wenig, denn die Metallgitter sind von oben bis unten mit Stoffen, Talismanen und flatternden Papierfetzen behangen: Plastikblumen, Gebete und Gedichte, handgeschriebene Botschaften an Verstorbene, Weihnachtsbaumschmuck, Teddybären und gehäkelte Puppen, Traumfänger, Bilder indischer Göttinnen, kleine Spiegel, aufgefädelte Kastanien. Viele haben hier ihre Wünsche und Nöte zum Ausdruck gebracht. Obwohl ein Madonnenbild dabei ist, wirkt das bunte Sammelsurium nicht christlich – und diese Begräbnisstätte war lange Zeit ungeweihter Boden.

Bis ins 17. Jahrhundert wurden hier im Immunitätsbezirk des Bischofs von Winchester Prostituierte, sogenannte »Winchester-Gänse«, bestattet. Am Südufer der Themse, außerhalb der Kontrolle des Stadtrats, lizenzierte der Bischof Bordelle, Tierkampfarenen und Theater und profitierte von deren blühenden Geschäften, gewährte »entehrten« Frauen aber kein christliches Begräbnis. Später, bis zur Schließung 1852 wegen Überfüllung nach 15.000 Bestattungen, war Crossbones ein Armenfriedhof. In den 1990er Jahren untersuchten Archäologen 148 Skelette und fanden darunter viele Kleinkinder und Totgeborene.

Eine Bürgerinitiative aus Anwohnern und New-Age-Anhängern, die Friends of Crossbones, setzte sich erfolgreich gegen die geplante Überbauung des Friedhofs und für die Schaffung eines Gedenkparks ein: für »die ausgestoßenen Toten«. Zu diesem Zweck hat der Grundbesitzer, die Londoner Verkehrsbetriebe, das Areal an die gemeinnützige Bankside Open Spaces Trust verpachtet, dessen freiwillige Helfer eine Blumenwiese mit Teich und die Holzskulptur »Gänseflügel-Tor« gestaltet haben.

Adresse Redcross Way, SE1 1TA | **ÖPNV** Borough (Northern Line) | **Tipp** Am Fußgängerweg entlang des südlichen Themseufers nahe Southwark Cathedral steht eine hohe Mauer mit einer Fensterrosette, der letzte Rest des prächtigen Palasts der Bischöfe von Winchester, der vom 12. bis zum 17. Jahrhundert dort stand.

25 Der Dachgarten

Blumen und Beton

Das Südufer der Themse ist ein belebtes Pflaster. Seit 1967 bietet hier die Queen Elizabeth Hall 900 Sitzplätze und eine Bühne für klassische Musik und Tanz, auch für elektronische Musik und andere Genres. Die Konzerthalle gehört zum Southbank Centre – zusammen mit dem intimeren Purcell Room für Kammermusik, dem National Theatre, der Hayward Gallery, der Royal Festival Hall, der National Poetry Library und dem Programmkino BFI. Das Ensemble ist ein kulturelles Juwel, aber zur Architektur im Stil des Brutalismus gehen die Meinungen auseinander. Skateboarder finden in den Betonflächen und Mauern ein perfektes Übungsgelände. Außerdem sind viele Spaziergänger am Themse-Ufer zwischen Westminster Bridge und Tower Bridge unterwegs.

Wer dem Gewusel entkommen möchte, sollte den Blick nach oben richten. Im grauen Betonmeer weist eine kanariengelb angestrichene Treppe den Weg zum Dachgarten hinauf. Neben einer Theke, an der man sich Getränke und einen Imbiss holen kann, stehen hier Stühle und Tische, teilweise aus Kabeltrommeln und alten Holzfässern improvisiert. Rundherum wuchern Pflanzen in Hochbeeten: Ringelblumen, Fackellilien, Wildblumen wie Schafgarbe und Wegwarte. Im Frühsommer breitet sich der Duft von Wicke aus, auch Obstbäume und Sträucher gedeihen vor einem Hintergrund aus Rohbeton.

Den Garten pflegt das Sozialprojekt »Grounded EcoTherapy« durch den Einsatz von Freiwilligen, die dadurch ihre Probleme mit Obdachlosigkeit, Sucht und psychischer Krankheit überwinden wollen. Sie erhalten eine sinnvolle Aufgabe, sehen im blühenden Garten handfeste Ergebnisse, gewinnen Selbstvertrauen und werden so für den Arbeitsmarkt qualifiziert. Der Garten entstand im Jahr 2011 zum 60. Jubiläum des Festival of Britain, das in der tristen Nachkriegszeit für Kultur und Unterhaltung sorgen sollte. Damals entstand die Royal Festival Hall als Keimzelle des South Bank Centre.

Adresse South Bank Centre, SE1 8XX | **ÖPNV** Bahn/U-Bahn Waterloo oder U-Bahn Embankment und Fußbrücke über die Themse | **Öffnungszeiten** April–Juni, Sept., Okt. 12–21 Uhr, Juli, Aug. 10–22.30 Uhr | **Tipp** Am South Bank Food Market neben der Queen Elizabeth Hall kann man Weltküche essen, Bier, Cocktails oder Kaffee trinken und Lebensmittel wie zum Beispiel frische Backwaren kaufen (Fr 12–20 Uhr, Sa 11–20 Uhr, So 12–18 Uhr).

26 Die Duke-of-York-Säule

Eine königliche Karriere bis ganz oben

Hoch über Trafalgar Square steht die Figur des siegreichen Admirals Nelson auf einer Säule, aber ein höheres Denkmal ehrt Nelsons weit weniger erfolgreichen Zeitgenossen, den Herzog von York. Prinz Frederick, Duke of York, war der zweite Sohn von König George III. aus der Dynastie der Hannoveraner. Im Jahr 1764 – er war sechs Monate alt – wurde er zum Fürstbischof von Osnabrück gekürt. Später besuchte er die Universität Göttingen und heiratete die Tochter von Friedrich Wilhelm II. von Preußen.

So weit, so gut – doch dann kam die militärische Laufbahn. 1793 befehligte er britische Kräfte in Flandern gegen die französischen Revolutionäre. Nach anfänglichen Erfolgen musste er den Rückzug nach Hannover antreten und schiffte 1795 in Bremen zur Rückkehr ein. Daraufhin machte ihn Papa zum Feldmarschall und Oberkommandierenden der britischen Armee. 1799 scheiterte seine Expedition in den Niederlanden so kläglich, dass er bereits nach drei Monaten abziehen musste und bis heute in einem spöttischen Kinderreim verewigt ist: »The Grand Old Duke of York, he had ten thousand men, he marched them up to the top of the hill and he marched them down again.«

Zu Hause lief es kaum besser. Weil er sein Geld bei Pferderennen in großem Stil verspielte, sah sich seine Mätresse gezwungen, ihr Haushaltsgeld mit dem Verkauf von Offiziersbriefen aufzubessern. Er selbst musste vorübergehend von seinem Amt zurücktreten. Und doch loben Militärhistoriker den Herzog: Seine Armeereformen ermöglichten die späteren Siege anderer Generäle. Nach seinem Tod 1827 mussten alle britischen Soldaten unfreiwillig auf einen Tagessold verzichten, um das Denkmal zu finanzieren. Von einer 42 Meter hohen, einst bei Selbstmördern beliebten und deshalb längst nicht mehr zugänglichen Säule aus Granit – so hoch, um ihn vor Gläubigern zu schützen, hieß es – schaut er über St James's Park hinweg zum Parlament.

Adresse Waterloo Place, SW1Y 5AH | **ÖPNV** Charing Cross (Bakerloo, Northern Line) | **Tipp** Unter einer Platane neben der Säule befindet sich ein Hundegrab. Giro, der 1934 gestorbene Terrier des deutschen Botschafters, hatte ein Elektrokabel durchbeißen wollen.

27 East India Dock

Von Gewürzen und Seeschwalben

Im Stadtteil Poplar befand sich einst ein bedeutender Umschlagplatz des britischen Weltreichs. Die Schiffe der im Jahr 1600 gegründeten East India Company fuhren von der Themse nach Bombay oder China und kehrten mit Luxusgütern zurück: Tee und Gewürze, Seide und Teppiche. Ab 1803 baute die Gesellschaft ihre Hafenbecken für große Handelsschiffe aus – ein enormes Unterfangen, denn mit Pferde- und Manneskraft mussten Tausende Tonnen Erde und Schlick entfernt werden.

Nach der Schließung 1967 wurden zwei Hafenbecken zugeschüttet. An der Stelle des westlich gelegenen Export Docks stehen jetzt Wohnungen. Vom Import Dock bleiben nördlich der erhöhten Schnellstraße kleinere Wasserflächen im Gewerbegebiet und Erinnerungen an den Handel in den Straßennamen: Saffron (Safran) Avenue, Clove (Nelken) Crescent, Nutmeg (Muskatnuss) Lane. Das heute erhaltene East India Dock Basin war nur das Eingangsbecken.

Jetzt ist das Gelände als Naturschutzgebiet ausgewiesen. Die Gezeiten spülen von der Themsemündung Brackwasser ein, in dem Fische, Aale und kleine Krustentiere als Nahrung für Möwen und Eisvögel dienen. Enten oder Schwäne finden reichlich Nahrung im schlammigen Salzmarsch und dichten Schilf am Beckenrand. Blumen ziehen Schmetterlinge an. Im Sommer kommen Seeschwalben – Flöße wurden für ihre Nistplätze gebaut, im Mai und Juni ziehen sie ihre Jungen auf und verabschieden sich im Herbst für den Flug nach Afrika. Auch Libellen, Mönchsgrasmücken und der in England seltene Hausrotschwanz finden hier einen Lebensraum.

An der Schleuse zur Themse hin zeigen in die Steine gemeißelte römische Ziffern die Wasserhöhe an, und man hat einen weiten Blick: über den Fluss zum riesigen O2-Zelt an der Spitze der Halbinsel Greenwich, nach Osten zur Gondelbahn zwischen North Greenwich und den östlichen Docklands, nach Westen zu den Bankentürmen.

Adresse Blackwall Way, E14 9QS | ÖPNV Docklands Light Railway bis East India, dann 5 Minuten Fußweg östlich über Blackwall Way | Öffnungszeiten täglich 8–19.30 Uhr | Tipp Der östliche Ausgang führt zur Straße Orchard Place und weiter zwischen Baustellen zum Kreativ-Viertel Trinity Buoy Wharf mit diversen Kunstwerken, Start-up-Unternehmen in einem Containerdorf und Erfrischungen im Fatboy's Diner.

28 Eccleston Mews

Schöner wohnen in der Stallung

»Mews« bezeichnet eine Gasse für Stallungen hinter den feinen Domizilen der Prachtstraßen. Mews sind in den Nobelvierteln Kensington und Belgravia zu finden, auch in Mayfair und nördlich von Hyde Park. Außerhalb von London sind sie so gut wie unbekannt. Die im 19. Jahrhundert gebaute Eccleston Mews in Belgravia ist ein Beispiel für viele diskret versteckte Enklaven dieser Art, denen man bei einem Streifzug durch London begegnet.

Stadtpaläste entstanden an eleganten Plätzen als Reihenhäuser mit klassizistischen Fassaden und einem Blick auf die Grünfläche in der Platzmitte. Auf dieser Vorderseite hätten Stallungen oder Einfahrten gestört. Die Lösung war die Anlage einer kleinen Straße auf der Rückseite, wo schlichte Bauten im Erdgeschoss Pferde und Kutschen aufnahmen. Darüber wohnten die Stallknechte. Im 20. Jahrhundert machte Motorverkehr die Stallungen überflüssig. Wenige Familien konnten sich einen Palast mit großer Dienerschaft leisten. Mews-Bauten wurden zu Garagen und Wohnimmobilien umgebaut. Ab den 1950er Jahren wurden sie als erschwingliche, diskrete Adressen in bester Lage schick, zogen Kreative an – der Maler Francis Bacon war einer der ersten Mews-Künstler. In den »Swinging Sixties« haftete ihnen ein gewisser Ruf an: unkonventionell, vielleicht ein wenig anrüchig. Im Film »Hard Day's Night« wohnten die Beatles in einem Mews, ebenso John Steed, der Held der TV-Serie »Mit Schirm, Charme und Melone«.

Außer im Buckingham Palace blieb nur eine einzige Mews ununterbrochen als Stallung in Betrieb: In Bathurst Mews nördlich vom Hyde Park ist heute noch eine Reitschule zu Hause. Einfamilienhäuser in einer Mews kommen heute zu schwindelerregenden Preisen auf den Markt. Dach- und Kellergeschosse werden ausgebaut, ein Bentley oder Jaguar steht vor der Tür, aber die Enge der oft hinter einem Tor versteckten Straße, der Name und das Kopfsteinpflaster verraten den Ursprung.

Adresse zwischen Eaton Square und Eaton Place, SW1W 9AD | **ÖPNV** Victoria (Circle, District, Victoria Line) | **Tipp** Im Royal Mews von Buckingham Palace kann man die königlichen Stallungen und Prachtkutschen bewundern (April–Okt. Mo–Sa 10–17 Uhr; Nov., Feb., März Mo–Sa 10–16 Uhr; Dez.–Jan. geschlossen).

29 Edgware Road

»Klein-Beirut« in London

Wahrscheinlich hat keine Stadt der Welt außer New York einen so ausgeprägten multikulturellen Charakter wie London, wo ein Drittel der Bewohner im Ausland geboren wurde. An Gesichtern, Kleidung und Sprache wird deutlich, dass Dutzende verschiedene Völker hier leben. Viele konzentrieren sich in bestimmten Gebieten – Sikhs in Southall, Ostafrikaner in Nord-Kensington, Türken in Dalston. Auch Europäer und Englischsprachige haben ihre bevorzugten Viertel: Fünf Prozent der Bewohner des reichen Chelsea sind US-Amerikaner; Australier und Neuseeländer sind um Earl's Court anzutreffen, Zyprioten in Camberwell. Wer die portugiesische Küche liebt, geht zur South Lambeth Road, und wer arabisch essen will, findet sich in der Edgware Road ein.

Am südlichen Abschnitt nahe Marble Arch gibt es hochwertige libanesische Restaurants, wo auch Musik und Bauchtanz zum Angebot gehören. Weiter außerhalb, nördlich der Bahnstation Edgware Road, wird es einfacher. Syrer und Irakis führen Lebensmittelgeschäfte und bescheiden eingerichtete Lokale, in denen man für wenig Geld köstlich speisen kann. Dazwischen stehen arabische Zeitungsläden und Modegeschäfte für gut verhüllte Damen. In der Nebenstraße Praed Street stellen »Shisha«-Cafés bei gutem Wetter Wasserpfeifen auf die Straße.

Schon vor 100 Jahren ließen sich im Fernhandel tätige Araber in dieser Gegend nieder. In den 1950er Jahren kamen Ägypter, und jede Krise im Nahen Osten brachte weitere Immigranten. Libanesen und Palästinenser, Syrer und Iraker flohen vor Krieg und politischer Unterdrückung. Reiche Araber bewohnen Immobilien in Knightsbridge und Mayfair, die als sichere Anlage für Ölgelder gelten – dass der Ägypter Mohamed Al-Fayed Harrods wieder verkauft hat, hat daran nichts geändert. Arabisches Flair erlebt man aber nicht unter den Superreichen in Knightsbridge, sondern auf der anderen Seite des Hyde Park in der Edgware Road.

Adresse Edgware Road, von Marble Arch aus in Richtung Nordwesten, W2 2HZ | **ÖPNV** Edgware Road (Circle, District Line) | **Tipp** Am Kanalbecken zwischen der Edgware Road und dem Bahnhof Paddington befindet sich die Rolling Bridge, die sich mit hydraulischer Kraft zusammenrollt, um Kanalboote durchzulassen. Vorführung: jeden Mi und Fr um 12 Uhr.

30 Eel Pie Island

Insel der Musiker und Künstler

Die »Aalpasteteninsel« erhielt ihren Namen von dem Gericht, das dort in Ausflugslokalen kredenzt wurde, als im 18. und 19. Jahrhundert Gäste per Boot zum Tanzen kamen. Pasteten und Tanzmusik gibt es heute nicht mehr, sondern Abgeschiedenheit in einer grünen Umgebung, hat man einmal die schmale Fußgängerbrücke überquert. Keine Autos, keine Fahrräder – nur ein Weg von der Brücke zum Jachtclub, zum Ruderverein und zu etwa 50 Häusern, deren Bewohner ihre Ruhe offensichtlich schätzen: Schilder weisen höflich darauf hin, dass ihre Gärten privat sind. An zwei Sommerwochenenden im Jahr dürfen Besucher mehr sehen, wenn die zwei Dutzend Künstler der Insel, darunter Maler, Zeichner, Bildhauer, Glas- und Keramikkünstler, ihre Ateliers öffnen. Schiffsschreiner, Schweißer und Schlosser bauen und reparieren Boote in einer Werft am Nordufer. Kabinenkreuzer und schnittige Motorjachten schaukeln am Kai und vor Bootshäusern. Die beiden Spitzen der 700 Meter langen Insel sind Naturschutzgebiete.

Diese Mischung aus Wohnidylle und Betriebsamkeit war nicht immer bezeichnend, denn in den 1950er Jahren wurde das heruntergekommene, in der Vorkriegszeit für vornehme Teetänze bekannte Eel Pie Hotel zu einem Hotspot der Musikszene. Ab 1956 traten prominente britische Jazzmusiker auf. In den frühen 60ern waren Rhythm and Blues und Rock angesagt. Rod Stewart, The Who, Pink Floyd und The Rolling Stones spielten hier, als sie noch keine Weltstars waren.

Das Treiben der Musiker und Fans hüllte das Eiland in eine Aura von Sex und Drogen. Vielleicht deshalb verlangten die Behörden teure bauliche Verbesserungen am Hotel, das 1967 schließen musste. Es wurde von Anarchisten besetzt, entwickelte sich zu Englands größter Hippie-Kommune und brannte 1971 aus ungeklärten Gründen ab. Über 40 Jahre später sorgen die Künstler für ein gewisses alternatives Flair, aber verrucht ist die Insel nicht mehr.

Adresse Themseinsel im West-Londoner Stadtteil Twickenham, TW1 3DY | ÖPNV Twickenham (Overground), dann 10 Minuten zu Fuß; Bus R 68 ab Richmond bis King Street. Blick vom Fluss ohne Aufenthalt: Bootsausflug ab Richmond, April–Sept. | Tipp The White Swan am Nordufer der Themse gegenüber der östlichen Spitze von Eel Pie Island ist ein 300 Jahre alter Pub mit Biergarten und guter Küche (täglich 11–22.30 Uhr).

31 Der Erfinderkopf

Inspiration für Designer

»Auch wenn der menschliche Geist durch verschiedene Erfindungen mit verschiedenen Instrumenten dasselbe Ziel erreicht, wird er niemals eine Erfindung machen, die schöner, einfacher und direkter ist als die Natur, weil in ihren Erfindungen nichts fehlt und nichts überflüssig ist.« Dieses Zitat von Leonardo Da Vinci schmückt (auf Englisch) eine Skulptur mit dem Titel »Head of Invention« vor dem Design Museum im Stadtteil Kensington.

Im Jahr 1989 schuf der Bildhauer Eduardo Paolozzi den drei Meter langen »Kopf der Erfindung« aus Bronze und stellte ihn auf Holzbalken. Zuerst stand das Werk am Flussufer in der Straße Shad Thames. 2016 zog das Design Museum von dort in ein neues Domizil – und der Kopf kam selbstverständlich mit, denn er passt perfekt zum Thema Design sowie zur kreativen Architektur des Hauses. Das Bauwerk, das ehemalige Commonwealth Institute aus dem Jahr 1962, gehört laut Denkmalbehörde zu den bedeutendsten Bauwerken der Moderne in London, vor allem wegen des spektakulären Dachs in Form eines hyperbolischen Paraboloids.

Auf der Rückseite des Erfinderkopfes bildete der Künstler Maschinenteile nach – wohl der Mechanismus des Denkens. Es heißt, Paolozzi habe sich vom Kopf eines berühmten Landsmanns inspirieren lassen – und zwar vom Kopf des Schotten James Watt (1736–1819), der als Erfinder der ersten effizienten Dampfmaschine gilt. Landsmann? – Ja, der Name des Künstlers trügt, denn Paolozzi (1924–2005) kam als Sohn italienischer Einwanderer in einem Vorort von Edinburgh zur Welt. Er wird als Pionier der Pop-Art angesehen, arbeitete in vielen verschiedenen Medien und hinterließ einige öffentlich zugängliche Werke in London. Die bekanntesten sind seine farbenfrohen Wandmosaiken in der U-Bahn-Station Tottenham Court Road und die Bronzeplastik von Isaac Newton vor der Nationalbibliothek British Library an der Euston Road.

Adresse 224–238 Kensington High Street, W8 6AG | ÖPNV High Street Kensington (District/Circle Line), dann circa 5 Gehminuten auf der High Street in westlicher Richtung | Tipp Die hochkarätigen Wechsel- und Dauerausstellungen des Design Museums sind immer einen Besuch wert (täglich 10–18 Uhr, www.designmuseum.org).

32 Fournier Street

Geister der Hugenotten und jüdischen Schneider

Im Victoria and Albert Museum widmen sich einige Räume dem englischen Kunsthandwerk des 18. Jahrhunderts. Dort sind exquisite Seidenstoffe zu sehen, feinste Webarbeiten mit Blumenmustern in zarten Farben und herrlichen Rokoko-Stickereien. Hugenotten, jene Protestanten, die nach 1685 aus Frankreich ausgewiesen wurden, brachten dieses Gewerbe nach London. Viele erlitten anfangs Armut, doch durch Fleiß und Geschick wurden manche reich. Die wohlproportionierten Backsteinhäuser um die Fournier Street im Stadtteil Spitalfields zeugen noch von dieser Blütezeit. Viele besitzen noch lange Fensterreihen im Dachgeschoss, die das für filigrane Web- und Näharbeiten nötige Licht hineinließen.

Ab 1750 nahm die Konkurrenz aus Indien und Frankreich zu. Spitalfields verarmte, die stattlichen Einfamilienhäuser wurden in kleine Wohnungen aufgeteilt. Für die nächste Immigrationswelle war viel Wohnraum erforderlich: 100.000 meist bettelarme Juden aus Osteuropa kamen im 19. Jahrhundert ins Londoner East End, das bald für gute jüdische Schneider bekannt war. Die hellen Dachräume waren wieder nützlich. Nach dem Weggang der Juden führten Immigranten aus Bangladesch die Textiltradition fort. Die Geschäfte, die noch vor 15 Jahren bunte Saris verkauften, sind weitgehend Restaurants gewichen, aber Spitalfields ist heute die Domäne der Designstudenten. In der Fashion Street ist eine Hochschule für Textildesign beheimatet, und junge Modemacher zeigen auf den Märkten von Brick Lane und Spitalfields sonntags eine spannende, schräge Schau.

Heute sind die Häuser in der Fournier Street begehrte Immobilien, Wohnort für erfolgreiche Künstler wie Tracey Emin und Gilbert & George. Aber die Dachfenster der Hugenotten erzählen Geschichte, und Spuren jüdischer Vergangenheit bleiben: in der Parallelstraße Princelet Street eine geschlossene Synagoge, am Haus Fournier Street 33 der Schriftzug »S. Schwarz«.

Adresse Fournier Street verbindet Brick Lane mit Commercial Street, E1 6QE | **ÖPNV** Aldgate East (Circle, Hammersmith & City Line) | **Tipp** Das Dennis Severs' House (18 Folgate Street, nördlich von Spitalfields Old Market, So 12–16 Uhr; Mo, Mi, Fr 17–21 Uhr bei Vorbuchung, www.dennisseverhouse.co.uk) ist die ergreifende Wiederbelebung eines Hugenottenhauses im Zustand des frühen 18. Jahrhunderts.

33 Fulham Market Hall

Streetfood unterm Dach

Streetfood im englischen Klima? Das Londoner Wetter ist zwar besser als sein Ruf, aber es gibt genug kalte oder verregnete Tage, an denen keiner im Freien essen möchte. Da liegt es nahe, die Stände mit Gerichten aus aller Welt von der Straße zu holen und ihnen ein Dach über dem Herd zu bieten. Das ist das Konzept der Market Hall Fulham, die 2018 in der denkmalgeschützten ehemaligen Schalterhalle einer U-Bahn-Station eröffnet wurde.

Eine Bar in den renovierten Ticketschaltern, eine Kaffeebude und sieben kleine Essstände sorgen für abwechslungsreiche Verpflegung. Für Freunde exotischer Weltküche gibt es Reispfannkuchen aus Sri Lanka mit einer Füllung aus Fleisch, Fisch oder Gemüse, dazu Chutney und andere pikante Beilagen. Oder hawaiianische Poké-Gerichte, die die traditionelle Fischmahlzeit der Pazifikinseln mit orientalischen Zutaten kombinieren und auf nachhaltig gefangene Fischarten setzen. Wer weniger experimentierfreudig ist, holt sich Kebab oder Pizza – Letztere aber nicht in den Standardvarianten, die man vom Italiener an der Ecke zu Hause kennt, sondern mit Chorizo, Serrano oder würziger Lammfleischwurst, wahlweise mit veganem »Mozzarella«. Überhaupt wird für Vegetarier und Veganer gut gesorgt. Zum Nachtisch empfehlen sich Churros mit verschiedenen Soßen, zum Beispiel flüssiger belgischer Schokolade. Der Betreiber der Markthalle bemüht sich um ein qualitätsvolles Angebot, das sich von den Fastfood-Bereichen großer Einkaufszentren deutlich unterscheidet.

Das Stahl- und Glasdach der Schalterhalle aus dem Jahr 1880 schafft eine helle, angenehme Umgebung für 180 Sitzplätze an hohen Tischen. Die braune Keramik der Außenfassade verschönert auch das Interieur. Besonders stilvoll ist die Gestaltung der Fahrkartenschalter aus dunklem Holz mit grünen Fliesen. Und für den Fall, dass das Londoner Wetter gnädig ist: An Wochenenden gibt es eine Cocktailbar auf der Dachterrasse.

Adresse 472 Fulham Rd, SW6 1BY, www.markethalls.co.uk | ÖPNV Fulham Broadway (District Line) | Öffnungszeiten Mo–Do 7–23 Uhr, Fr 7–24 Uhr, Sa 8–24 Uhr, So und Feiertage 10–22 Uhr | Tipp Wenn das Angebot bei Market Hall Fulham nicht passt, muss man nur sechs Stationen mit der District Line nach Victoria fahren. Dort hat derselbe Betreiber eine wesentlich größere Halle mit breitem Angebot eröffnet (191 Victoria Street).

34 Fulham Palace

Bischöflicher Landsitz an der Themse

Ob der Bischof von London sich manchmal in seiner eng umbauten Residenz an der St Paul's Cathedral umschaut und den Wunsch nach einem Landsitz verspürt? Seine Vorgänger wohnten bis 1975 in einer ruhigen grünen Umgebung an der Themse. Schon ab dem Jahr 700 waren sie Herren des Guts Fulham, das damals einige Kilometer westlich einer angelsächsischen Siedlung namens Lundenwic lag. Nachdem Lundenwic sich nach Osten verlagerte und London hieß, blieb der Herrensitz in Fulham Sommerresidenz der Bischöfe. Über die Themse erreichten sie ihre Kathedrale schnell. Fulham bot Zuflucht vor dem Gestank und den Pestepidemien der Stadt und war im 20. Jahrhundert ihr ständiger Wohnort und Amtssitz.

Von einer wechselvollen Baugeschichte erzählt ein stattliches Haus. Der älteste Teil ist die Great Hall (1495) in einem Hof aus dem 16. Jahrhundert. Spätere Änderungen prägten das Interieur, zum Beispiel zwei schöne Räume aus dem 18. Jahrhundert, in denen eine Ausstellung über die Geschichte des Guts zu sehen ist, sowie die ehemalige Kapelle und die Bibliothek, jetzt ein Museumsshop.

Im Park stehen alte und seltene Bäume. Dies ist dem engagierten Botaniker Bischof Compton (1675–1713) zu verdanken, der exotische Pflanzen sammelte und die erste Magnolie in Europa pflanzte.

Noch vor seiner Zeit wuchs die knorrige Steineiche, deren Alter auf 450 Jahre geschätzt wird. Sie stammt vermutlich aus der Zeit von Bischof Grindal (1559–1570), der Trauben kultivierte. Diese Tradition lebt innerhalb der Mauern des Walled Garden weiter, wo das Traubengewächshaus restauriert und ein »Knot Garden«, ein von niedrigen Buchsbaumhecken gegliederter Blumengarten im Stil der Elisabethanischen Zeit, angelegt wurde. An sonnigen Tagen ist der Rasen ein gefragter Spiel- und Picknickplatz für Familien. Von der Baumskulptur »Bishop's Tree« schaut eine Holzfigur von Bischof Compton auf den Spaß hinunter.

Adresse Bishop's Avenue, Fulham, SW6 6EE | ÖPNV Putney Bridge (District Line), dann einige Minuten Fußweg am Themsepfad Richtung Westen | Öffnungszeiten Museum Mo–Do 12.30–16.30, So 12–17, Nov.–März Mo–Do 12.30–15.30, So 12–16 Uhr, botanischer Garten stets bei Tageslicht geöffnet, Walled Garden täglich 10.15–16.15 Uhr, Führungstermine siehe www.fulhampalace.org | Tipp Das Drawing Room Café im Palast serviert Frühstück, Mittagessen und Nachmittagstee in einem eleganten Ambiente, auch mit bequemen Sesseln und einer Gartenterrasse, täglich Apr.–Okt. 9.30–17, Nov.–März 10–16 Uhr.

35 Der Gasholder Park

Spiegel der Verwandlung

Ein Rundgang im Kreis der schwarzen Eisensäulen erzeugt eine gewisse visuelle Verwirrung. Aus immer neuen Blickwinkeln reflektieren auf Hochglanz polierte Spiegelwände das Gras, die Bäume und die umliegenden Bauwerke. Der Gasholder Park ist zwar klein, bietet dem Auge aber ein großes Erlebnis.

Die Säulen gehörten einst zu einem Gasbehälter. »Gasholder Nr. 8« wurde in den 1850er Jahren errichtet und blieb bis zum Jahr 2000 im Dienst. Dann wurden die 16 hohlen Säulen aus Gusseisen und die horizontalen Gitterbänder restauriert und am Ufer des Regent's Canal als dekorativer Rahmen der neuen Grünanlage wieder aufgestellt. Innerhalb des Säulenkreises betritt man einen überdachten Gang mit schlanken Stützen aus Spiegelglas. Auch die Unterseite der Überdachung spiegelt wechselnde Eindrücke wider. Man erlebt das Wolkenspiel am Himmel, die eigene Bewegung über die Pflastersteine, den grünen Rasen in der Kreismitte, die umrandenden Sträucher – eine Abfolge von Licht und Farbe wie der Blick in ein Kaleidoskop oder eine Karussellfahrt.

Matt oder glatt? Der Kontrast zwischen dem schwarzen Eisengerüst und den blendenden Spiegeln steht für die Verwandlung des alten Güterbahnhofs von King's Cross in ein neues, hippes Quartier. Neben dem Gasbehälter Nummer 8 stehen Numero 10, 11, und 12, genannt die »siamesischen Drillinge«, weil ihre Eisenskelette miteinander verbunden sind. Innerhalb dieser Kreise befinden sich heute Luxuswohnungen mit Tortenstückgrundriss, deren Preise von 800.000 Pfund für ein bescheidenes Studio-Apartment bis zu mehreren Millionen für ein Penthouse reichen. Den Eigentümern stehen ein Wellnessbereich und Privatkino zur Verfügung. Gasbehälter Nummer 8 dagegen ist für alle. Wege und Gärten verbinden den Gasholder Park mit dem Kanalufer, wo Hausboote vor Anker liegen, Freizeitboote vorbeituckern und eine Fußgängerbrücke hinüber zum Naturschutzgebiet in der Camley Street führt.

Adresse am Kanal bei Stable Street, N1C 4AB | ÖPNV King's Cross-St Pancras (Circle, Northern, Piccadilly, Victoria Line) | Tipp Auf der anderen Seite der Stable Street beherbergt das Granary Building aus dem Jahr 1851 das recht beliebte Restaurant Dishoom im Stil des alten Bombay (Tel. 020/74209321, www.dishoom.com).

36 Die Gaslaterne in der Carting Lane

Straßenbeleuchtung durch Kanalisationsgas?

Mehr als 200 Jahre nach der Einführung von Gasbeleuchtung erzeugen geschätzte 2.000 Gaslaternen stimmungsvolles Licht in Gegenden wie Mayfair und Covent Garden. Die merkwürdigste Laterne der Stadt brennt seit über 100 Jahren Tag und Nacht in der schluchtartigen Gasse Carting Lane neben dem Savoy Hotel. 1894 patentierte Joseph Edmund Webb seine »Sewer Gas Lamp«, um Methangas aus der Kanalisation zu verbrennen. Manche behaupten, das Exemplar in der Carting Lane verbrenne Dämpfe aus den Ausscheidungen, die durch die Toiletten des Nobelhotels nebenan gespült werden, weshalb die Gasse besser »Farting Lane« (Furzgasse) hieße. Tatsächlich funktioniert die Lampe seit den 1950er Jahren mit ganz normalem Gas.

Webbs Erfindung war nicht dazu gedacht, konventionell erzeugtes Gas zu ersetzen. Vielmehr verbrauchte seine Laterne das Gas der Stadtwerke, zog dabei als Zusatznutzen explosives Methan, das die öffentliche Sicherheit gefährdete, aus Abwasserkanälen und verbrannte es mit. Die Voraussetzung dafür, das Vorhandensein von Abwasserkanälen, ist die Leistung des Ingenieurs Joseph Bazalgette. Nach dem »Great Stink« im Sommer 1858, als die Themse so übel roch, dass Parlamentssitzungen unmöglich wurden, baute er ein Kanalisationsnetz mit einer Länge von 700 Kilometern, das östlich der Stadt in die Themse mündete. Zum Projekt gehörte der Bau der heutigen Uferstraße (Embankment). Von den vier Pumpstationen existieren noch zwei: Abbey Mills nördlich und Crossness südlich der Themse, Letztere ein Industriedenkmal ersten Ranges mit beeindruckender Gusseisenarchitektur, dessen Dampfmaschine an einigen Tagen im Jahr in Betrieb ist (www.crossness.org.uk). Bazalgettes Arbeit beendete die Choleraepidemien, die im 19. Jahrhundert Zehntausende Opfer forderten.

Adresse Carting Lane führt vom Themseufer zu The Strand hinauf, WC2R 0DW | ÖPNV Embankment (Bakerloo, Circle, District, Northern Line) | Tipp Ein Denkmal am Victoria Embankment (am Ende der Northumberland Avenue) ehrt den bedeutenden Ingenieur Joseph Bazalgette.

37 God's Own Junkyard

Es funkelt am Himmel auf Gottes Schrottplatz

Walthamstow liegt zwar weit im Nordosten des Londoner Stadtgebiets, aber der Lohn für die 20-minütige Bahnfahrt ab dem West End ist ein erstaunliches Spektakel, ein farbenfroher Anschlag auf die Netzhaut. »God's Own Junkyard« nennt sich eine mit Neonschildern vollgestopfte Fabrikhalle in einem Gewerbegebiet. Blinkende Werbung für Restaurants, Nachtclubs, Bars und Motels hängt an allen Wänden, spiegelt sich in riesigen Discokugeln, verspricht alle erdenklichen Dienstleistungen von Sushi bis »beer, girls, porn«. Gottes eigener Schrottplatz ist kein Museum, sondern eine Verkaufsausstellung, und Tausende weitere Exemplare warten im Lager auf Interessenten. Ein 20-köpfiges Team restauriert alte Neonschilder und baut neue – ein Handwerk, das im Zeitalter von LED-Beleuchtung nur noch wenige beherrschen, denn das Biegen von Glasrohren ist eine diffizile Aufgabe.

Dick Bracey gründete das Unternehmen in den 50er Jahren. Sein Sohn Chris wurde zum wahrhaftigen Künstler im Medium Neon und schuf in den 1960ern kreative Schilder, viele davon für die Sex- und Striptease-Clubs im verruchten Soho-Viertel, manche auch für Hollywood-Filme, darunter »Blade Runner« und Stanley Kubricks »Eyes Wide Shut«. Chris Braceys Werke wurden zu Sammlerobjekten – unter den Käufern sollen sich Lady Gaga und Elton John befinden.

Passend zur bunten Kunst läuft Rockmusik, dazwischen stehen Tische und Stühle, denn in der Halle befindet sich das Rolling Scones Café (Scones sind kleine runde Kuchen, die mit Marmelade und Sahne zum Nachmittagstee verspeist werden). Wer etwas Stärkeres als Tee braucht, muss nicht weit suchen. Auch Cocktails sind im Angebot, und im Gewerbegebiet direkt nebenan haben sich gleich drei Craft-Beer-Brauereien und eine Gin-Destillerie angesiedelt. Alle haben freitags ab 18 Uhr, samstags und sonntags ab Mittag Ausschank und sorgen so für eine extrem trendige Szene.

Adresse Unit 12, Ravenswood Industrial Estate, Shernhall Street E17 9HQ, www.godsownjunkyard.co.uk | ÖPNV Walthamstow Central (Victoria Line), am Ausgang rechts, die Hauptstraße Hoe Street überqueren, geradeaus über St Mary Road und Church Path, rechts in die Orford Road, links in die Summit Road bis zum Metalltor am Ende der Straße (circa 12 Minuten Fußweg) | Öffnungszeiten Fr, Sa 11–21 Uhr, So 11–18 Uhr | Tipp Auf dem Weg zum Junkyard liegt der alte Dorfkern von Walthamstow mit dem Vestry House Museum (Highlight: das erste britische Benzinauto von 1894) und einem Fachwerkhaus aus dem 15. Jahrhundert.

38 Der goldene Junge

Völlerei, Feuersbrunst und Leichenraub

Im Jahr 1666 zerstörte ein Brand mehr als 13.000 Wohnhäuser sowie 87 Kirchen und die St.-Paul's-Kathedrale. Die historische Stadt innerhalb der alten Mauern, die City of London, wurde weitgehend dem Erdboden gleichgemacht. Bis zu 70.000 Menschen waren obdachlos. Einer der Orte, an denen die Ausbreitung der Flammen am vierten Tag endlich verhindert werden konnte, war die Ecke der Cock Lane mit der Giltspur Street – genannt Pye Corner. Diese Stelle markiert die vergoldete Holzfigur eines pummeligen Knaben.

Wer war schuld an der Katastrophe? »Ausländer!« sagten manche, und ein unschuldiger Franzose wurde hingerichtet. Strenggläubige hatten eine andere Erklärung: Der Große Brand sei die Strafe Gottes für die »Sünde der Völlerei«, wie auf der Inschrift zu Füßen des goldenen Knaben zu lesen ist. Die Tatsache, dass das Feuer ausgerechnet in einer Bäckerei in der Pudding Lane ausbrach, legte diese Vermutung nahe. Und der Name Pye Corner, wo es zum Erliegen kam, bestätigte die Theorie, denn ein »pie« (die moderne Schreibweise) ist ja eine Pastete.

Als wäre dies nicht schlimm genug, muss an diesem Ort von einem weiteren Laster berichtet werden. Eine zweite, längere Inschrift erzählt, dass der Goldjunge ursprünglich an der Fassade der Taverne »The Fortune of War« (Glück des Krieges) angebracht war und dass die Kneipe ein Hort der berüchtigten »body snatchers« war. Leichenräuber gingen ihrem gruseligen Broterwerb auf Kirchhöfen nach, stellten ihre ausgegrabene Beute im Hinterzimmer der Taverne aus und verkauften die Leichen an Chirurgen des gegenüberliegenden Krankenhauses St Bartholomew, die sie für Lehr- und Übungszwecke brauchten. Ein Stück weiter auf der Giltspur Street in Richtung Newgate steht neben der Kirche St Sepulchre ein steinernes Haus (»Watch House«) aus dem Jahr 1791. Es handelt sich um einen Turm für Friedhofswächter, die den schändlichen Handel zu verhindern hatten.

Adresse Ecke Giltspur Street/Cock Lane, SE23 3PQ | ÖPNV St Paul's (Central Line), am Ausgang links auf Cheapside, weiter über die Newgate Street, rechts in die Giltspur Street | Tipp Der Sünde der Völlerei oder der Trinksucht kann man an der Ecke Giltspur Street/Newgate nachgehen – hier serviert die Viaduct Tavern deftige Küche und das ausgezeichnete Ale der Fuller's-Brauerei.

39 Greenwich Foot Tunnel

Die Themse unterqueren, und ab nach Schottland!

Greenwich ist für herausragende Sehenswürdigkeiten berühmt: das Schifffahrtsmuseum, das königliche Observatorium, dessen Lage den Längengrad Null bestimmte, das Queen's House und das wunderbare Segelschiff »Cutty Sark«. In einem runden Backsteinbau mit Glaskuppel neben der »Cutty Sark« kann man hinabsteigen, die Themse unterqueren und in den Island Gardens am Nordufer den Blick über das Wasser auf die Prachtbauten und den Park von Greenwich genießen.

Londons Strom wurde an vielen Stellen untertunnelt, zuerst zwischen 1825 und 1843 von Marc Brunel und Isambard Kingdom Brunel. Diese erste Unterquerung eines Flusses in der Weltgeschichte verband den Stadtteil Limehouse am Nordufer mit Rotherhithe südlich der Themse. Im Laufe des 19. Jahrhunderts kamen weitere Tunnel hinzu – für die U-Bahn und weil die Notwendigkeit, freie Fahrt für hohe Schiffe zu gewährleisten, die Überbrückung der breiten Themse technisch schwierig machte.

Durch den 1902 eröffneten Greenwich Foot Tunnel erreichten Hafenarbeiter die Lagerhäuser und Schiffsbecken auf der Isle of Dogs, einer von einer Flussschleife gebildeten Halbinsel am Nordufer. Der Tunnel liegt 15 Meter unter der Oberfläche, ist 370 Meter lang und besteht aus gusseisernen Ringen, die eine Betonschicht und 200.000 weiße Keramikfliesen verdecken. Unter den Rundbauten an beiden Enden führen breite Wendeltreppen hinab. Seit 1904 gibt es Aufzüge, die vor Kurzem erneuert wurden. Die Tunnelbenutzer von heute arbeiten im neuen Finanzviertel. Viele sind mit dem Fahrrad unterwegs und ignorieren gern die Vorschrift, dass sie unten das Rad schieben sollen. Wenn sie auf der Nordseite angekommen sind und keine Lust verspüren, ins Büro zu gehen, können sie einfach die Flucht ergreifen und weiterradeln: Der Tunnel ist Teil der nationalen Radroute Nummer 1, die von Dover an der Südküste nach Inverness im schottischen Hochland führt.

Adresse Greenwich Foot Tunnel, SE10 9NN | **ÖPNV** DLR bis Island Gardens (Nordufer) oder Cutty Sark (Südufer) | **Öffnungszeiten** 24 Stunden täglich | **Tipp** The Old Brewery mit Biergarten am Gelände des Royal Naval College schenkt hervorragendes Craft Beer aus und bietet warme Küche, täglich 10–22 Uhr.

40_The Grenadier

Ein gemütlicher Pub, bis das Gespenst erscheint

London hat ruhige Ecken, wo das Hauptstadtgefühl verschwindet. Zum Beispiel im Viertel Belgravia, wenn man die imposanten Steinfassaden von Wilton Crescent verlässt, in die kleinere Wilton Row einbiegt, dann links um die Ecke geht – und auf einmal eine Dorfszenerie erblickt. Unter Bäumen steht ein 300 Jahre altes Haus mit patriotischem Rot-Weiß-Blau-Anstrich und einem Pub-Schild, das einen Soldaten mit Bärenfellmütze darstellt. Links der Stufen, die zum Schankraum hinaufführen, wurde ein knallrotes Wachhäuschen aufgestellt.

Die Grenadier Guards wurden 1656 als Leibwache für König Charles II. gegründet und hatten bis 1818 ihre Kaserne auf diesem Gelände. Das Offizierskasino wurde im selben Jahr zu einer Kneipe, und daran hat sich seitdem nichts geändert. Der vordere Raum hat Holztäfelung und einen zinnverkleideten Tresen. Im gemütlichen Wellington Room dahinter kommt deftige Pub-Küche auf den Tisch, und militärische Traditionen werden hochgehalten, wohin man schaut. Auf einem Foto posieren Gardisten vorm Buckingham Palace. Ein alter Stich zeigt ein »Waterloo Dinner«, die jährliche Feier des Sieges über Napoleon, den der Herzog von Wellington in seinem Londoner Wohnsitz feierte. Es wird erzählt, dass er in diesem Pub mit seinen Kameraden zusammengesessen habe.

Unter den jungen Offizieren ging es nicht immer gesittet zu. Während eines Trinkgelages mit Kartenspiel wurde ein Subalterner beim Schummeln erwischt und verprügelt. Er starb auf dem Kopfsteinpflaster vor der Tür, heißt es – es ist nicht mehr überliefert, in welchem Jahr es geschah, aber wohl im Monat September, weil zu dieser Zeit manchmal im Haus eine Eiseskälte spürbar wird. Stöhnen und Fußstapfen in leeren Zimmern sind zu vernehmen, und ein Unbekannter bewegt sich lautlos durch die Räume des Gasthauses. Die Dollarscheine, die Gäste signiert und an der Decke befestigt haben, sollen den Geist gnädig stimmen.

Adresse 18 Wilton Row, SW1X 7NR | ÖPNV Hyde Park Corner (Piccadilly Line) | Öffnungszeiten Mo–So 12–23 Uhr, Tel. 020/72353074 | Tipp Im hochherrschaftlichen Apsley House (Hyde Park Corner, April–Okt. Mi–So 11–17, Nov.–März Sa, So 10–16 Uhr), dem Sitz des Herzogs von Wellington, sieht man eine kostbare Innenausstattung, eine erlesene Kunstsammlung und Memorabilien von Wellingtons militärischer Laufbahn.

41 Hawksmoors Pyramide

Ein Rätsel auf dem Kirchhof

Die Kirche St Anne's in Limehouse sollte eine von 50 sein, deren Bau das Parlament 1711 für die wachsende Bevölkerung von London beschloss. Nur zwölf wurden errichtet, sechs davon Werke von Nicholas Hawksmoor (1661–1736), der unter den Fittichen von Sir Christopher Wren an St Paul's Cathedral, Chelsea Hospital und Hampton Court Palace arbeitete.

Hawksmoor entwickelte einen eigenwilligen Stil, eine Interpretation des Barocks, wobei er sich auch für die Architektur der Gotik und der klassischen Antike interessierte. St Anne's zeigt diese vielfältigen Einflüsse. Der markante Turm hat überdimensionierte Eckpfeiler und schließt mit einer um 45 Grad gedrehten, von kleinen Pyramiden gekrönten Etage ab. Die Turmuhr, die höchste Londons, schlug früher viermal stündlich die genaue Uhrzeit für Tausende von Schiffen in den umliegenden Hafenbecken, denn der Turm von St Anne's hatte Sichtkontakt zum amtlichen Zeitanzeiger in Greenwich.

Im weitläufigen Kirchhof stehen hohe Platanen, Bänke, einzelne Grabsteine und eine drei Meter hohe steinerne Pyramide. Von Moos und Flechten begrünt, zeigt sie auf der Südseite die Inschrift »The Wisdom of Solomon« (die Weisheit Salomos) sowie ein stark verwittertes Wappen, auf dem ein Einhorn gerade noch erkennbar ist. Niemand weiß, warum die Pyramide dort steht. Laut der beliebtesten Theorie war sie für den Kirchturm bestimmt, aber dafür passen ihre Dimensionen nicht. Zwei herausragende zeitgenössische Autoren von Literatur über London, Peter Ackroyd und Iain Sinclair, spekulierten über eine Verbindung zum Okkulten. Bilden Hawksmoors sechs Kirchen ein Pentagramm? Hatte des Baumeisters Faszination für Geometrie einen mystischen Hintergrund? Hängt die Pyramide mit Glaubensinhalten der Freimaurer zusammen? Oder ist sie einfach ein übrig gebliebener Bauteil, der die Friedhofsstimmung herrlich verdichtet? Niemand kennt die Antwort.

Adresse Newell Street, E14 7HP | **ÖPNV** Limehouse (DLR) | **Öffnungszeiten** Kirchhof tagsüber zugänglich | **Tipp** Der Schauspieler Sir Ian McKellen, ein grandioser Shakespeare-Darsteller, der vor allem als Gandalf in den Tolkien-Verfilmungen bekannt ist, besitzt eine historische Kneipe mit guter Gastronomie am Themseufer in Limehouse: The Grapes (76 Narrow Street, Tel. 020/79874396).

42_Hardys Baum

Zwischen pietätlos und würdevoll

Ein unerwartet stimmungsvoller Ort neben den Gleisen der Schnellzüge nach Paris ist der St Pancras Park, ehemals ein Friedhof. Der uralte Begräbnisplatz der Old St Pancras Church, die möglicherweise auf frühchristliche Zeit zurückgeht, wurde im 18. Jahrhundert zweimal erweitert, bis in den 1860er Jahren die Eisenbahn gebaut wurde. Die Hälfte des Friedhofs musste geräumt werden, um für die Gleise Platz zu schaffen.

Daran erinnert eine etwa 150 Jahre alte Esche, deren Wurzeln mit Grabsteinen verwachsen sind, die wie die Speichen eines Rads um den Stamm stehen. Dieses Denkmal für Menschen, deren ewige Ruhe gestört wurde, ist der »Hardy Tree«, benannt nach dem Schriftsteller Thomas Hardy, der ab 1862 Jahren als Architektenlehrling arbeitete. Dem jungen Hardy fiel die unangenehme Aufgabe zu, das Ausgraben der Leichen und die Umbettung der Gebeine zu beaufsichtigen. In seinem späteren Gedicht »The Levelled Churchyard« (»Der platt gemachte Kirchhof«) stellte er sich vor, wie sich die Stimmen der Verstorbenen an vorbeiziehende Fahrgäste der Bahn wenden: »O Passagier, höre zu und vernehme unsere Seufzer, unser bedauernswertes Stöhnen, in diesem Durcheinander aus herausgerissenen Grabmälern halb erstickt.« Hardy lamentierte im satirischen Ton weiter, dass nun die Grabinschrift eines frommen Abstinenzlers über dem Kopf eines Trunksüchtigen steht oder dass beim Auferstehen am Jüngsten Tag die Knochen einer unbescholtenen Jungfrau mit denen einer Prostituierten vermischt werden.

1877 wurde aus dem halbierten Friedhof ein Park mit einem neugotischen Denkmal für die Verstorbenen. Später gestaltete man ihn in seiner heutigen Form um und legte rund um die Gräber Wege, Rasenflächen und einen Rosengarten an. Ein auffälliges Grabmal entwarf der Architekt Sir John Soane für sich und seine Frau. Angeblich diente es als Vorlage für das Design der britischen Telefonzelle.

Adresse Pancras Road, NW1 1UL | **ÖPNV** Mornington Crescent (Northern Line), King's Cross-St Pancras (einige Linien) | **Öffnungszeiten** täglich bis zum Einbruch der Dunkelheit | **Tipp** Der Zustand der Kirche Old St Pancras heute ist das Ergebnis einer Restaurierung im 19. Jahrhundert, doch einer Überlieferung zufolge stand in spätrömischer Zeit an dieser Stelle ein Gotteshaus – es gibt römische Ziegel im Mauerwerk. Nach einer anderen Tradition erfolgte die Gründung nach einer Mission aus Rom, die im Jahr 597 Reliquien des heiligen Pankratius mitführte. Ein Stein im Altarraum könnte aus dem frühen 7. Jahrhundert stammen.

43 Highgate Wood

Ein Überrest alter Wälder

Einst erstreckten sich ausgedehnte Wälder über die nördlichen Anhöhen von London, in die Grafschaften Hertfordshire und Essex. Der 28 Hektar große Highgate Wood, ein Rest dieser Wälder, ist eine ökologisch besonders wertvolle Fläche, weil es sich hier um kein Aufforstungsprojekt, sondern um ein uraltes und folglich artenreiches Waldstück handelt.

Unter römischer Herrschaft im 1. Jahrhundert lieferte der Wald Brennholz für die Keramikproduktion – Teile eines Brennofens wurden im Highgate Wood entdeckt. Im Mittelalter gehörte das Gebiet, wie auch der gesamte Stadtteil Highgate, den Bischöfen von London, die an der Hauptstraße nach Norden eine Mautstelle mit einem hohen Tor, dem »high gate«, errichtet hatten. In der Neuzeit bewirtschafteten Pächter den Wald mittels Stockausschlag, das heißt, sie ernteten alle 10 bis 30 Jahre junge Bäume, hauptsächlich Robinien, um Brennholz, Stangen für Zäune et cetera zu gewinnen. Highgate Wood bestand damals aus Niederwald im Schatten von hohen Eichen und kam ab 1886 in den Besitz des Stadtrats der City of London, der ihn für alle Bürger öffnete.

Heute ist der Wald ein Naturschutzgebiet. 30 Vogelarten, darunter Turmfalken, nisten hier. 7 Fledermausarten und mehr als 400 Falterarten sind heimisch. Die häufigsten Bäume sind Eiche, Robinie und Stechpalme. Gefallene Äste und Stämme bleiben liegen, damit Pilze sich vermehren und eine Lebensgrundlage für Käfer und andere Insekten schaffen. Auf dem Gelände gibt es einen Kinderspielplatz, eine Sportwiese und das Pavilion Café, aber das wichtigste Angebot für Besucher sind Spazierwege unter ausgewachsenen Bäumen, gute Waldluft und Ruhe.

Passend dazu zitiert die Inschrift am Trinkbrunnen an einer Wegkreuzung Zeilen des romantischen Dichters Coleridge: »Trink, Pilger, ruhe hier. Und ist dein Herz unschuldig, sollst du hier auch deinen Geist erfrischen.«

Adresse zwischen Archway Road und Muswell Hill Road, N10 3JN | **ÖPNV** Highgate (Northern Line), an der Ampelkreuzung vor der U-Bahn-Station in die Muswell Hill Road, Wald nach 100 Metern links | **Öffnungszeiten** täglich 7.30 Uhr bis zum Sonnenuntergang; Pavilion Café täglich ab 9 Uhr | **Tipp** Highgate ist ein begehrtes Wohnviertel mit einer attraktiven Dorfmitte, die von der U-Bahn-Station in 10 Gehminuten über die Southwood Lane zu erreichen ist. Empfehlenswert: die historische Kneipe The Flask (77 Highgate West Hill, www.theflaskhighgate.com).

44 Holland Park

Es ändert sich die Zeit, und neues Leben blüht …

An der Westseite von Holland Park kriechen zwei riesige bronzene Schildkröten unter dem Zeiger einer Sonnenuhr. Das Werk der Londoner Künstlerin Wendy Taylor könnte ein Sinnbild sein für das Traditionsland England, wo sich die Zeiten sehr wohl ändern, doch manchmal im Tempo einer Schildkröte.

Bis 1952 blieb der 23 Hektar große Park mitten in der Großstadt im Besitz einer adligen Familie. Vor 400 Jahren ließ sich der Schatzkanzler von König James I. einen Herrensitz bauen, damals vier Kilometer westlich der Stadt. Das Haus kam später in den Besitz der Grafen von Holland und erhielt den Namen Holland House. Das Gut umfasste Weideland mit Waldstücken und Gärten um das Haus.

Im 19. Jahrhundert war Holland House ein Mittelpunkt des politischen und gesellschaftlichen Lebens der Hauptstadt, die jetzt ständig näher rückte. Sir Walter Scott, Lord Byron und Charles Dickens gehörten zu den illustren Besuchern. 100 Jahre nach dieser Glanzzeit verkaufte die Familie das mittlerweile verwahrloste Gut an die Kommune, den Royal Borough of Kensington and Chelsea.

Das Haus hatte schwere Kriegszerstörungen erlitten, aber nach und nach blühte neues Leben aus den Ruinen. Der gerettete Ostflügel wurde zu einer Jugendherberge umfunktioniert, der alte Dutch Garden des Guts restauriert, sodass er heute ein sommerliches Farbfeuerwerk präsentiert und Wege in kinderwagengerechter Breite besitzt. Der Kyoto Garden im japanischen Stil mit verschiedenen Kirschbaumarten sowie japanischen Magnolien und Zedern kam hinzu. Im bewaldeten nördlichen Teil des Parks blühen im Frühling Osterglocken und Rhododendren. Ein Café und überdachte Laubengänge bieten Schutz bei Regen, Tennisplätze, Kinderspielplätze, Freiluftschach und Opernaufführungen unterm Zeltdach sorgen für Unterhaltung. So wurde ein Adelsgut zum Volkspark, und in den Resten des Herrensitzes übernachten Rucksacktouristen.

Adresse Abbotsbury Road, W8 6LU | **ÖPNV** Holland Park (Central Line) | **Öffnungszeiten** Mo–So 7.30 Uhr bis 30 Minuten vor Einbruch der Dunkelheit | **Tipp** Leighton House baute der Malerfürst Lord Leighton 1866 im Stil einer orientalischen Märchenwelt als Wohnsitz und Atelier (12 Holland Park Road, täglich außer Di 10–17.30 Uhr). Sehenswert sind auch der Garten und die Häuser einer Künstlerkolonie in den umliegenden Straßen.

45 Das Horniman Museum

Vielfältiger Spaß für Kinder und Erwachsene

Als er im Jahr 1890 ein Museum in seiner Villa installierte, erklärte der Teehändler Frederick Horniman, er wolle »die Welt nach Forest Hill bringen« (so der Name des Stadtteils in Süd-London), denn seine Sammlung vereine Wunder und Kuriositäten aus allen Kontinenten. Elf Jahre später entstand an gleicher Stelle ein Neubau, der nach mehrfacher Erweiterung heute 350.000 Objekte beherbergt und diese auf eine ausgesprochen familienfreundliche Art und Weise präsentiert.

Berühmt ist die Abteilung für präparierte Tiere, vor allem das zu stramm ausgestopfte Walross, das vor 100 Jahren eifrig, aber mit geringen Sachkenntnissen ohne Falten und Hautlappen aufbereitet wurde. Moderner ist die World Gallery mit 3.000 völkerkundlichen Exponaten, die auf thematische Vergleiche zwischen vielen Kulturen setzt – die Bandbreite reicht von einem Kamelsattel der Tuareg und Bronzen aus Benin über englische Amulette zum Schutz gegen Hexerei bis zum Bug eines Bootes aus Libyen, das im Jahr 2013 Flüchtlinge nach Italien brachte. Aus dem Schwarzwald stammt eine prächtige »Aposteluhr« aus dem 19. Jahrhundert – täglich um 16 Uhr defilieren Figuren der zwölf Apostel an Jesus vorbei.

Vielfältige Unterhaltung bietet auch der sechs Hektar große Park. Vom historischen Musikpavillon hat man einen wunderbaren Blick aus erhöhter Lage auf die Innenstadt. Es gibt einen kleinen Zoo mit Ziegen, Alpakas, Schafen und Hühnern, ein Aquarium – Spezialität: die Quallenzucht – und das bunte Butterfly House, ein tropisches Schmetterlingshaus. Besucher spazieren zwischen unterschiedlichen Biotopen mit exotischen und heimischen Pflanzen oder auf dem Lehrpfad zu zwölf Sonnenuhren. Zur Stärkung hinterher setzt man sich ins Café oder bei gutem Wetter auf die Terrasse neben dem wunderschönen Wintergarten aus Gusseisen und Glas, der ursprünglich im Garten der Horniman-Familie im Vorort Croydon stand.

Adresse 100 London Road, Forest Hill, SE23 3PQ, www.horniman.ac.uk | ÖPNV Bahnhof Forest Hill, 10–15 Minuten ab London Bridge oder Victoria, dann 5 Minuten Fußweg (ausgeschildert) | Öffnungszeiten Museum: täglich 10–17.30 Uhr, Park: 7.15 Uhr bis zum Sonnenuntergang, Animal Walk (Kleinzoo): täglich 12.30–16 Uhr; Eintritt zum Museum frei, Aquarium £ 4,50, Butterfly House £ 6 | Tipp Unterhalb des Museums an der London Road (rechts) führt ein Radweg entlang einer stillgelegten Bahnstrecke. Hier gibt es auch den Horniman Nature Trail, einen circa 800 Meter langen Lehrpfad unter Bäumen.

46 Horse at Water

Der Pferdekopf am Marble Arch

Das Fleckchen Erde in der nordöstlichen Ecke vom Hyde Park hat viel gesehen. Sonntags darf jeder Exzentriker und Wirrkopf sich am Speaker's Corner in Rage reden. Zahllose Kriminelle starben hier durch den Strang, als das Gelände noch Tyburn hieß und bis 1783 Standort des Galgens war. Namensgebend ist jetzt ein ausrangierter Triumphbogen aus Carrara-Marmor, der 1851 einer Erweiterung des Buckingham Palace weichen musste: Marble Arch. Im Gegensatz zur Aufregung der sonntäglichen Redner und der ehemaligen Massenunterhaltung durch öffentliche Hinrichtungen strahlt die Bronzeskulptur eines Pferdekopfes eine ruhe- und würdevolle Stimmung aus.

Der Bildhauer Nic Fiddian-Green begeisterte sich schon als junger Mann für formschöne Pferdeköpfe. Die erste Inspiration gab ihm eine Skulptur im British Museum, das Pferd der Mondgöttin Selene, das ursprünglich den Giebel des Parthenon schmückte. Heute stehen Fiddian-Greens überdimensionierte Pferdeköpfe in vielen Ländern. Das im Jahr 2010 aufgestellte Werk am Marble Arch ist zehn Meter hoch und wiegt 17 Tonnen. Wie ein Wunder an Statik und Gleichgewicht balanciert es auf einem Metallsockel – der Wasseroberfläche, von der das Pferd trinkt.

Drum herum tost der Verkehr, denn Marble Arch ist ein riesiger Kreisel für rote Busse. Aber das neben einer Brunnenanlage der 1960er Jahre platzierte Pferd ist das passende Motiv, um den Übergang vom Stadttrubel zum Hyde Park einzuleiten. Zwischen Pferden und dem Park besteht eine enge Verbindung: Die Kaserne am Rande des Parks ist die Basis eines Kavallerieregiments, das zeremonielle Funktionen bei Staatsbesuchen und der königlichen Geburtstagsparade ausübt. Ein breiter Weg entlang der Südseite vom Hyde Park, genannt Rotten Row, war einmal die Promenade, an der sich die feine Gesellschaft bei Kutschenfahrten zeigte, und steht heute Reitern zur Verfügung.

Adresse Nordostecke vom Hyde Park, W1H 7AL | ÖPNV Marble Arch (Central Line) | Tipp Die angesehene Serpentine Gallery und Serpentine Sackler Gallery in Kensington Gardens (Di–So 10–18 Uhr) zeigen Wechselausstellungen zeitgenössischer Kunst. Jedes Jahr wird ein bekannter Architekt eingeladen, einen temporären Ausstellungspavillon zu bauen.

47 Der Inner Temple Garden

Ein Garten für Anwälte und für alle

Zwischen Westminster und der City of London liegt The Temple, ein Areal, das vor 700 Jahren den Tempelrittern gehörte. Nach der Auflösung des Templerordens übernahmen Rechtsschulen, genannt »Inns of Court«, das Gelände. Bis heute besitzen zwei der vier Inns, Middle Temple und Inner Temple, hier eine ummauerte Enklave. Historische Bauten um Höfe und Gärten werden für die Ausbildung von Jurastudenten und als Domizil von Anwaltskanzleien genutzt oder beherbergen gemeinsame Einrichtungen wie Kapelle, Aula und Bibliothek.

Nachmittags an Werktagen gewährt der Inner Temple durch ein schmiedeeisernes Tor aus dem Jahr 1730 Einlass in seinen Garten. Die Blumenrabatten direkt links und rechts sind vom Frühjahr bis zum Herbst dicht bepflanzt – von den ersten Tulpen im Frühling über Mohn und Fingerhut in geschmackvoll abgestimmten Lila- und Rottönen im Frühsommer bis zu den spätsommerlichen Dahlien. Hinter dem Tor steht man auf einer erhöhten Terrasse, die weitere Beete mit Rosen flankieren. Im Inner Temple haben Rosen eine besondere Bedeutung. Bereits im 14. Jahrhundert wird ihre Zucht an dieser Stelle schriftlich erwähnt. In »Heinrich VI.« wählte Shakespeare diesen Garten als Kulisse für den Anfang der »Rosenkriege«: Vertreter der rivalisierenden Dynastien York und Lancaster pflückten weiße beziehungsweise rote Rosen als Symbol ihrer Parteien. Die Bepflanzung der langen Rabatte links vor dem Bau aus hellem Backstein nimmt darauf Bezug.

Eine steinerne Treppe mit mediterranen Pflanzen neben den Stufen führt hinunter zum Rasen. Hohe Platanen schirmen die Anlage vom Embankment, der Straße am Themse-Ufer, ab. Vor dem Bau des Embankment in den 1860er Jahren erstreckte sich der Garten bis zum Fluss. Dieser Bereich ist jetzt ein schattiger Waldgarten, in dem die ersten Schneeglöckchen den kommenden Frühling ankündigen. Ein runder Teich mit Brunnen und Sitzbänken lädt dort zum Verweilen ein.

Adresse Inner Temple, 1 Mitre Court, EC4Y 7BS, Zugang von The Strand/Fleet Street z. B. über die Middle Temple Lane | **ÖPNV** Temple (District/Circle Line) | **Öffnungszeiten** Mo–Fr 12.30–17 Uhr, Infos zu Events und Sonderöffnungen siehe www.innertemple.org.uk | **Tipp** Nur wenige Schritte westlich von Middle Temple Lane (218 The Strand) verkauft die Firma Twinings seit 300 Jahren feine Teesorten und bietet Kostproben.

48 Die Isabella Plantation

Ein Zaubergarten im grünen Park

Im riesigen Richmond Park, einem ehemaligen königlichen Jagdgebiet, ist Grün selbstverständlich die dominierende Farbe. Grasflächen wechseln sich mit Waldparzellen ab. Fast das ganze Jahr über bietet dagegen ein bezaubernder Waldgarten im Süden des Parks einen bunten Anblick. In der Isabella Plantation blühen früh im Jahr Kamelien, im April Rhododendren, eine berühmte Azaleensammlung und eine von den Briten besonders beliebte Pflanze, die »Bluebell« (das Atlantische Hasenglöckchen), die dichte, duftende Teppiche am Waldboden bildet. Im Sommer säumen Gartenblumen die Wege, Bäche und Teiche, im Herbst färbt sich das Laub heimischer und exotischer Bäume.

Die Isabella Plantation entstand ab 1830 durch Aufforstung mit Eichen, Buchen und Esskastanien auf einer 17 Hektar großen, teils sumpfigen Fläche. In den 1920er Jahren kamen 50 seltene Azaleenarten aus Japan hinzu, aber erst ab den 1950ern wurde der Garten zum üppigen Fest für die Sinne, wie er sich noch heute präsentiert. Zwei von den Seen des Richmond Park gespeiste Bäche und drei Teiche wurden angelegt, die Vielfalt der Sträucher und Bäume gezielt ausgeweitet.

Heute wird auf ökologische Gestaltung Wert gelegt, denn die Bachufer, alten Wälder – etwa 250 Baumriesen stammen noch aus der Zeit vor 1830 – und Teiche sind Biotope für Fledermäuse, 50 Käferarten, 130 verschiedene Falter und Schmetterlinge sowie 70 Vogelarten. Ufer wurden abgeflacht, um Lurchen besseren Zugang zu bieten. Libellen schweben über den Gewässern, Vögel finden Schutz im Schilf. Besuchern fällt aber meistens nicht die Fauna ins Auge, sondern eine blühende Flora, geschickt angelegte Wege und magische Stellen wie der runde Stille Teich. Und der Name Isabella? Wahrscheinlich ist damit nicht etwa die schöne Tochter eines Gärtners gemeint, denn das alte Wort »isabel« bezeichnete das fahle Gelb der Böden im einst öden Gelände. Welch eine Verwandlung!

Adresse Richmond Park, TW10 5HS | ÖPNV Parkbus Mitte April–Ende Okt., Fahrplan unter www.royalparks.org.uk; sonst Bahn ab Waterloo nach Putney, Bus 85 ab Putney High Street zur Haltestelle Warren Road, Weg vom Parktor Ladderstile Gate ausgeschildert (15 Minuten zu Fuß) | Öffnungszeiten täglich rund um die Uhr, Einschränkungen im Feb. und Nov., Infos siehe Webseite | Tipp Richmond Park ist ein herrliches Gelände für einen langen Spaziergang in offener Landschaft (District Line nach Richmond, dann Bus 371 oder 65 zum Parktor Petersham).

49_James Smith & Sons

Hier kauft ein Gentleman seinen Regenschirm

Gibt es in London eine schönere Ladenfront? Über mit dunklem Holz gerahmten Glasfenstern steht in blumenverzierter Schrift »James Smith & Sons, established 1830«. Die Anfangsbuchstaben strahlen rot und golden, und der Messingstreifen darunter mit getriebenen Lettern ist zwar etwas verbeult, glänzt aber immer noch. Regen- und Sonnenschirme, Garten- und Golfschirme, Peitschen und Stöcke, sogar »swordsticks« mit eingebautem Degen werden in den Schaufenstern höchst geschmackvoll angepriesen.

Die Fassade stammt aus dem 19. Jahrhundert. Der erste James Smith gründete sein Geschäft im Foubert Place, Soho, und fertigte in der Werkstatt hinter dem Verkaufsraum Regenschirme an. 1857 zog er in die New Oxford Street, wo es immer noch eine Reparaturwerkstatt im Keller gibt. Damals trug jeder Gentleman einen Stock, sei es ein weißer Rohrstock oder etwas Rustikales für den Landsitz. Regenschirme kamen Mitte des 17. Jahrhunderts aus dem Nahen Osten nach Europa und fanden in England 100 Jahre später Verbreitung. Den ersten Herrn, der in London regelmäßig einen Regenschirm mitführte, bewarfen Kutscher und Sänftenträger mit Schlamm, weil sie ihre Geschäfte gefährdet sahen.

Die Inneneinrichtung bei James Smith hält, was die Fassade verspricht. Die Vitrinen, Schränke und Kommoden sind 150 Jahre alte Maßanfertigungen. Über dem Tresen befindet sich eine Galerie mit Glasbalustrade für die Buchhaltung. Rundherum ist das Produktsortiment ausgebreitet: Regenschirme mit dem Kopf von Sherlock Holmes oder einer Ente als Griff, konservative Modelle in Schwarz, Blumenmuster und Spitze für die Dame, Faltschirme in schrillen Farben. Stöcke gibt es mit den unterschiedlichsten Knäufen, sogar mit eingebautem Korkenzieher oder Schnapsflasche. Alles ist möglich, nur eins, meint die Geschäftsführung, ist zu vermeiden: »Es ist nicht ratsam, auch Ihrem engsten Freund Ihren James-Smith-Schirm zu leihen.«

Adresse 53 New Oxford Street, WC1A 1BL | ÖPNV Tottenham Court Road (Central, Northern Line) | Öffnungszeiten Mo, Di, Do, Fr 10–17.45 Uhr, Mi 10.30–17.45 Uhr, Sa 10–17.15 Uhr | Tipp In der Denmark Street kaufen Musiker ihre Instrumente.

50 Die Jamme-Masjid-Moschee

Ein Haus für drei Religionen

Der Backsteinbau an der Ecke von Brick Lane und Fournier Street hat eine wohl einmalige Geschichte. Heute steht er in »Banglatown« – so vermarktet sich der südliche Abschnitt von Brick Lane, wo sich Curry-Restaurants aneinanderreihen. Dieser Stadtteil, Spitalfields, gehört zu einem Verwaltungsbezirk, dessen Bevölkerung zu nahezu 40 Prozent aus gebürtigen Bangladeschern und deren in London geborenen Nachkommen besteht. Als sie in den 1970er Jahren in Ost-London immer zahlreicher wurden, gründeten sie mehrere Moscheen, eine davon in einem bereits bestehenden Gotteshaus. Vor 300 Jahren war Spitalfields bereits ein Immigrantenviertel.

Aus Frankreich vertriebene Protestanten, Hugenotten, siedelten hier und bauten 1743 eine Kirche an der Brick Lane. Mit der Zeit verschmolz die Gemeinde der Hugenotten mit der englischen Gesellschaft und verstreute sich. Ihre Kirche überließen sie 1809 einer Gesellschaft, die Juden zum Christentum bekehren wollte. Nach dem Misserfolg dieser Mission wurde der Bau zu einer Kapelle der Methodisten. Ende des 19. Jahrhunderts zogen Zehntausende osteuropäischer Juden in die Gegend und verwandelten das Bauwerk 1898 in die Machzeike-Hadass-Synagoge. Bis zur Verwüstung im Zweiten Weltkrieg war Spitalfields ein armes, aber lebhaftes jüdisches Viertel. Dann zog die jüdische Bevölkerung in andere Stadtteile, die Synagoge schloss und eröffnete 1976 neu als Jamme-Masjid-Moschee.

Ein glänzendes stählernes Rohr, das nachts in wechselnden Farben leuchtet, ist als Minarett-Ersatz das äußere Zeichen der Umnutzung. Innen verschwanden die Kirchenbänke, Becken für Waschungen wurden installiert. Geblieben ist die Sonnenuhr an der Fassade mit der Inschrift »umbra summus« – »wir sind Schatten«. Womit die Hugenotten auf die Flüchtigkeit menschlichen Tuns verwiesen und uns heute die Frage stellen: Ist die Moschee der Schlusspunkt dieser Geschichte?

Adresse Brick Lane, Ecke Fournier Street, E1 6QL | **ÖPNV** Aldgate East (Circle, Hammersmith & City Line) | **Tipp** Zu den wenigen sichtbaren Spuren jüdischer Kultur in dieser Gegend gehören die rund um die Uhr geöffnete Bagel-Bäckerei (Beigel Bake, 159 Brick Lane am nördlichen Ende der Straße) und eine Synagoge in der Sandy's Row, einer Gasse südlich vom Spitalfields Market.

51 Die K2-Telefonzelle

Der Prototyp einer Designikone

Hinter den schmiedeeisernen Toren der Royal Academy of Arts steht das allererste Exemplar der roten Telefonzelle, genannt K2. Das Einzelstück wurde 1924 für einen Wettbewerb aus Holz gefertigt, da der frühere Entwurf K1 auf Ablehnung stieß.

Der Schöpfer von K2 war Giles Gilbert Scott (1880–1960), Spross einer bekannten Architektendynastie. Mit 22 Jahren erhielt er den Auftrag für die Kathedrale von Liverpool und ist an der Themse mit den unübersehbaren Kraftwerken von Bankside (heute das Tate Modern) und Battersea vertreten.

Auch für einen Miniaturbau wie die Telefonzelle war ihm das Formenrepertoire der klassischen Antike nicht zu schade. Er schuf ein fein ausgearbeitetes Design mit flachem Kuppeldach und kannelierten Fensterumrahmungen. Als Farbe schlug Scott Silbergrau vor. Das General Post Office entschied sich für Rot und stellte 1.700 K2-Telefonzellen auf (eine davon steht dem Prototyp gegenüber: rechts beim Eintreten in den Hof). Die noch existierenden 200 Exemplare stehen alle unter Denkmalschutz.

Die 2,74 Meter hohe und 1.250 Kilogramm schwere K2 war teuer, aber Alternativen aus Beton (K3), mit integriertem Briefmarkenautomat (K4) und aus Sperrholz (K5) hatten keinen Erfolg. 1935 gelang Scott eine vereinfachte Version der K2: die 30 Zentimeter kleinere, 500 Kilogramm leichtere K6, von der etwa 60.000 aus Gusseisen mit Teakholztür gebaut wurden. K6 hat eine schlichtere Gestaltung und acht Fensterreihen pro Seite, wobei das mittlere Fenster jeder Reihe breiter ist (zum Vergleich: K2 hat sechs Reihen mit jeweils drei gleich großen Fenstern). K6 bewährte sich: 11.000 Exemplare stehen noch in Großbritannien, 2.260 davon sind denkmalgeschützt, und erst 1968 erschien der Nachfolger K8. Kenner achten bei K6 auf die Krone im Giebelfeld. Seit 1953 bildet sie statt einer symbolischen »Tudor«-Krone die tatsächlich bei Krönungen verwendete St Edward's Crown ab.

Adresse Burlington House, Piccadilly, W1J 0BD | **ÖPNV** Piccadilly Circus (Bakerloo, Piccadilly Line) | **Tipp** Die 1768 gegründete Royal Academy of Arts verfügt über eine hervorragende eigene Kunstsammlung und veranstaltet Wechselausstellungen allererster Güte, täglich 10–18, Fr bis 22 Uhr. Auch die Cafés sind empfehlenswert.

52 Das Kindertransport-denkmal

10.000 jüdische Kinder kamen hier an

Die Figurengruppe in Bronze vor dem Südeingang zum Bahnhof Liverpool Street zeigt fünf Kinder unterschiedlichen Alters. Das kleinste, ein Mädchen, sitzt auf seinem Koffer und hält einen Teddybären in der Hand. Der Junge rechts neben ihm trägt einen Schulranzen und hat einen Geigenkoffer. Hinter ihm steht ein älteres Mädchen, das sich im Augenblick nicht um die anderen kümmert, denn alle schauen in unterschiedliche Richtungen. Sie werden hier einzeln abgeholt, das Grüppchen wird auseinandergehen. Auf dem Sockel hinter ihnen ist ein Stück Eisenbahnschiene, rechts und links davon die Herkunftsorte: auf einer Seite »Cologne – Hanover – Nuremberg – Stuttgart – Düsseldorf – Frankfurt – Bremen – Munich«, auf der anderen »Danzig – Breslau – Prague – Hamburg – Mannheim – Leipzig – Berlin – Vienna«.

Über die Niederlande und den ostenglischen Hafen Harwich kamen zwischen Dezember 1938 und September 1939 fast 10.000 jüdische Kinder in Liverpool Street an. Nach der Pogromnacht vom 9. auf den 10. November 1938 hörte die Regierung in London auf die Appelle britischer Juden und erlaubte die Einreise jüdischer Kinder bis zum Alter von 17 Jahren, sofern Pflegefamilien und Förderer, die mit 50 Pfund für die Umsiedlungskosten bürgten, gefunden wurden. Mit dem ersten Transport kamen 196 Kinder aus einem ausgebrannten Waisenhaus in Berlin. Erlaubt war lediglich die Mitnahme eines Koffers und einer Tasche, darin keine Wertsachen und nur ein Foto. Es gab weder Erwachsenenbegleitung noch einen Abschied am Heimatbahnhof. Nur wenige der 10.000 sahen ihre Eltern wieder.

Der 1929 geborene Frank Weisler aus Danzig kam mit dem Kindertransport zu seiner Großmutter in London, studierte später Architektur in Manchester und wurde in Israel Bildhauer. Er schuf das Denkmal in London sowie ähnliche Werke in Hoek van Holland, Danzig und am Bahnhof Friedrichstraße in Berlin.

Adresse Hope Square, EC2M 7QN, vor dem Bahnhof Liverpool Street | ÖPNV Liverpool Street (Central, Circle, District, Hammersmith & City, Metropolitan Line) | Tipp Auf der (englischsprachigen) Internetseite des Kindertransportvereins erfährt man mehr: www.kindertransport.org. Der in England lebende deutsche Autor W. G. Sebald näherte sich diesem Thema auf seine eigene verschlungene Art und Weise im Roman »Austerlitz«.

53 Lincoln's Inn

Eine ruhige Enklave der Juristen

Vom Lärm der Großstadt tritt man durch ein Tor an der Chancery Lane in eine ältere, ruhigere Welt. Zwischen historischen Bauwerken liegen perfekt gepflegte Rasen mit alten Platanen. In den Höfen herrscht die Stimmung einer ehrwürdigen Universität – und tatsächlich diente Lincoln's Inn, eine der vier Institutionen für Anwälte, die jeweils einen abgeschlossenen Bereich mitten in London besitzen, früher als Wohnort für Jurastudenten und wird heute für deren Ausbildung genutzt.

Wer vor höheren englischen Gerichten plädieren will, muss sich als Student in einem der »Inns of Court«, einer Art Berufsverband, einschreiben. Wie bei den beiden nahe gelegenen Inns Inner Temple und Middle Temple südlich von The Strand beherbergt das alte Gemäuer von Lincoln's Inn immer noch Anwaltskanzleien neben den gemeinsamen Einrichtungen wie Kapelle, Aula und Bibliothek, die um die grünen Höfe verteilt sind.

Lincoln's Inn besitzt Urkunden aus dem Jahr 1422, bestand aber mindestens schon 100 Jahre früher. Das Torhaus stammt aus der Zeit um 1520, die für Mahlzeiten, Debatten und Feierlichkeiten genutzte Old Hall aus dem Jahr 1490. Der Gelehrte und Staatsmann Thomas Morus, Mitglied im Inn ab 1496, ist eine von vielen prominenten Personen, die diese Aula kannten. Fünf Premierminister, darunter Margaret Thatcher und Tony Blair, waren Mitglieder von Lincoln's Inn.

Offen für alle ist die 1623 errichtete Kapelle, die weitgehend im Originalzustand erhalten ist, obwohl sie 1915 ein frühes Opfer des Luftkriegs wurde, als ein Zeppelin Bomben abwarf und zwei Glasfenster zerstörte. Die klassizistischen Stone Buildings im Nordosten sowie die Bibliothek und die Great Hall aus dem 19. Jahrhundert passen harmonisch in das aus roten Ziegeln und Naturstein gebaute Gesamtensemble. Wer sich in diesem Teil von London nach Stille und Erholung sehnt, kann einfach hineinspazieren.

Adresse Chancery Lane, WC2A 3TL | ÖPNV Chancery Lane (Central Line) | Öffnungszeiten Höfe Mo–Fr 7–19 Uhr, Kapelle Mo–Fr 9–17 Uhr | Tipp In den unterirdischen Passagen der »Silver Vaults« stellen Händler wie in einem Basar bemerkenswerte Schätze der Silberkunst zum Verkauf aus (53–64 Chancery Lane, Mo–Fr 9–17.30 Uhr, Sa 9–13 Uhr).

54 Limehouse Basin

Hafenbecken für die postindustrielle Gesellschaft

In der frühen englischen Industrierevolution spielten Kanäle eine wichtige Rolle. Bereits 1766 begann der Bau des Limehouse Cut, um den Bootsverkehr vom River Lea, der von Norden her in die Themse fließt, auf direktem Weg zu den innenstadtnahen Hafengebieten zu führen. Ab 1816 entstand der Regent's Canal, der um den nördlichen Rand der Innenstadt herum zum Hafenbecken im Stadtteil Limehouse führt. Damit konnten Güter aus Mittelengland über den Grand Union Canal nach London befördert werden. Das gesamte Netz englischer Kanäle und schiffbarer Flüsse war nun mit der Themse und somit dem weltgrößten Umschlagplatz im Überseehandel verbunden.

In das alte Dock, das jetzt Limehouse Basin heißt, münden heute noch Limehouse Cut und Regent's Canal, aber der Güterverkehr kam 1969 zum Erliegen. Die Anlage verfiel, bis im Zuge der Sanierung der gesamten Docklands ab 1993 neue Wohnungen gebaut wurden und eine heruntergekommene Gegend mit einem üblen Ruf nach und nach schick wurde. Limehouse Basin ist jetzt Ankerplatz für teure Motorboote, ozeantaugliche Jachten, einige historische Segelkähne und die langen, oft bunt bemalten traditionellen Kanalboote.

Wo einst Kohle aus Nordostengland oder Holz aus Finnland und Norwegen umgeladen wurde, stehen teure Immobilien, Cafés und Geschäfte. In der Nordostecke des Beckens am Eisenbahnviadukt blieb ein Relikt des Güterbetriebs: der Akkumulatorturm aus Backstein, der ab 1869 hydraulische Kraft für Kräne, Drehbrücken und Schleusentore lieferte. An der Schleuse zur Themse, in der je nach Stand der Gezeiten eine Höhe von mehreren Metern zu überwinden ist, führt Sternekoch Gordon Ramsey sein Restaurant »The Narrow« mit Panoramablick von der Außenterrasse – eine Szene des urbanen Lebens, aber die Natur bleibt nicht komplett außen vor, denn neben Gourmetgästen kommen auch Kormorane, Graureiher und sogar Eisvögel auf eine Fischmahlzeit vorbei.

Adresse Narrow Street, E14 8DP | **ÖPNV** Bahn und Docklands Light Railway nach Limehouse | **Tipp** The Narrows ist das erschwingliche Lokal des Starkochs Ramsay mit Gerichten zu Preisen unter £ 20 (www.gordonramsayrestaurants.com).

55 Little Ben

Als die Stunde des Brexit noch nicht schlug

2017 begann die umfassende Renovierung von Big Ben – offiziell The Elizabeth Tower, denn streng genommen bezeichnet der in aller Welt bekannte Name nicht den Turm, sondern nur die große Glocke. Das Wahrzeichen wurde verhüllt und wird vor 2021 nicht wieder zum Vorschein kommen. Zum Verdruss britischer EU-Gegner konnte die Glocke die Stunde des Austritts am 31. Januar 2020 deshalb nicht schlagen. Glücklicherweise gibt es einen kleinen Bruder. Er ist bescheidene neun Meter hoch und besteht aus Gusseisen. Im Jahr 1892 stellte ihn die Firma Gillett & Johnston her, ein noch existierendes Familienunternehmen, das Uhren für Kirchen, Rathäuser und Bahnhöfe baut und repariert.

Die Lage auf einer Verkehrsinsel an einem viel befahrenen Knotenpunkt ist unwürdig, doch hat die Nähe zum Bahnhof Victoria eine Bedeutung. Von dort fuhren früher Züge zu den Fährhäfen am Ärmelkanal, einst trafen sich an der Uhr Franzosen vor der Heimfahrt. So passt es, dass der französische Ölkonzern Elf Aquitaine 1981 die Restaurierung und Wiedererrichtung des Turms mit einer Spende »als Geste anglo-französischer Freundschaft« unterstützte. Am Turm bekennt sich ein Zweizeiler mit dem Titel »Apology for Summer Time« (Entschuldigung für die Sommerzeit) zum damals guten Verhältnis der beiden Länder mit folgenden (frei übersetzten) Worten:

»Stell' die Zeiger zurück im Herbst, stell' sie vor im März,
Für England wie für Frankreich schlägt mein treues Herz.«

Der Vers bezieht sich auf die Idee, dass die Uhr ganzjährig englische Sommerzeit anzeigen sollte – und folglich im Winter die korrekte Zeit in Paris, in London aber nicht. Der Plan wurde jedoch nicht ausgeführt. Little Ben zeigt stets die aktuelle britische Zeit. Mittlerweile will die EU auf die zweimal jährliche Umstellung der Uhren verzichten. Wenn es dazu kommt, werden die Uhren beiderseits des Ärmelkanals noch unterschiedlicher als vorher ticken.

Adresse an der Kreuzung Vauxhall Bridge Road / Victoria Street neben dem Bahnhof Victoria, SW1E 5EA | ÖPNV U-Bahn und Bahn nach Victoria | Tipp Zwei Minuten entfernt, auf der Victoria Street, hat man vom (uhrlosen) Turm der römisch-katholischen Westminster Cathedral eine grandiose Aussicht (Mo – Fr 9.30 – 17 Uhr, Sa, So 9.30 – 18 Uhr, Eintritt £ 6).

56 Lloyd's Building

Futuristisch und doch ein Denkmal

Unter den circa 500.000 denkmalgeschützten Bauwerken Großbritanniens sind nur wenige jünger als 35 Jahre alt. Dass ein Bau sogar zu den 10.000 »Grade 1«-geschützten, also offiziell als »außerordentlich interessant« eingestuften Denkmälern gehört, ist eine Auszeichnung, die kaum einem lebenden Architekten zuteilwird. Richard Rogers erreichte diese Ehre mit seinem Lloyd's Building von 1986, das 2011 unter Schutz gestellt wurde.

Wer sich an der Leadenhall Street dem Lloyd's Building nähert, sieht ein Ungetüm aus grau glänzendem Metall, das die konservativen Steinfassaden der Nachbargebäude aus dem frühen 20. Jahrhundert überragt. Breite Lüftungsrohre ziehen sich über viele Etagen, oben stehen auffällige blaue Kräne für die Fensterputzer. Es ist das Designprinzip des Centre Pompidou in Paris, das Rogers und seinen damaligen Partner Renzo Piano berühmt machte: Was sonst versteckt bleibt – Aufzüge, Treppen, die ganze Gebäudetechnik –, wird nach außen gekehrt, um große, flexibel nutzbare Freiflächen im Inneren zu schaffen.

Der 88 Meter hohe Bau (95 Meter mit Kränen) wirkte zur Zeit der Einweihung umso provokanter, weil er Heimat einer 300 Jahre alten Institution ist. Der weltführende Versicherer Lloyd's of London entstand spätestens 1688 als Lloyd's Coffee House, eine von Kaufleuten und Kapitänen frequentierte Nachrichtenbörse für den Seehandel. Manche Kaffeetrinker schlossen Versicherungen miteinander ab, und bis heute ist Lloyd's keine Firma, sondern eine Vereinigung unabhängiger Risikoträger. Ihr Börsenparkett nimmt das Erdgeschoss eines 60 Meter hohen Atriums ein, um das sich drei Bürotürme und drei Techniktürme gruppieren. Im Interieur sieht es aber nicht nur futuristisch aus: Der Committee Room in der elften Etage wurde im 18. Jahrhundert vom großen Architekten Robert Adam als Speisesaal entworfen und aus dem alten Lloyd's Building ins neue hinübergerettet.

Adresse 1 Lime Street, EC3M 7HA | ÖPNV Monument (Circle, District Line) | Öffnungszeiten nur am Londoner »Open House«-Wochenende im September; siehe www.lloyds.com/lloyds/about-us/the-lloyds-building für Bilder. | Tipp Ein weiterer Bau von Rogers, genannt »One Hyde Park« (Ecke Sloane Street und Knightsbridge), erregt Aufsehen – nicht nur wegen der Architektur, sondern weil die 86 Eigentumswohnungen ab 20 Millionen Pfund Käufer wie russische Oligarchen und Kylie Minogue fanden.

57 London Stone

Der mythische Nabel der Stadt

In der Außenmauer eines neuen Bürohauses steckt der angebliche Gründungsstein von London. Der 60 Zentimeter hohe Kalksteinbrocken ist der Rest des einst größeren London Stone, der mit Legenden um die Anfänge der Stadt in Verbindung steht. Von Giganten namens Gog und Magog und einem Steinkreis an der Stelle von St Paul's Cathedral wird erzählt. Einer Chronik des 12. Jahrhunderts zufolge kam ein gewisser Brutus aus dem zerstörten Troja und baute auf Anweisung der Göttin Diana einen Tempel in London. Der London Stone sei der Altarstein des Tempels. In der Vorstellung des mystischen Dichters William Blake vollbrachten Druiden Menschenopfer am London Stone. Andere meinen, König Artus habe sein Schwert aus ihm gezogen, und New-Age-Anhänger unserer Zeit sehen ihn als Mittelpunkt einer heiligen Kraftlinie zwischen St Paul's und dem Tower of London.

Die gesicherten Tatsachen sind dürftig. Die erste schriftliche Erwähnung stammt aus dem 10. Jahrhundert. Im Mittelalter hatte der Stein offensichtlich große Bedeutung: An dieser Stelle wurden Schulden bezahlt und Eide abgelegt. Laut Shakespeare erklärte sich der Anführer einer Rebellion im Jahre 1450 dort zum Herrscher über London. Bis zur Verbreiterung der Cannon Street 1742 stand der London Stone in der Straßenmitte, wurde dann in die Kirche St Swithin eingemauert und überstand beschädigt deren Zerstörung durch Bomben 1941. Eine mögliche Erklärung des Ursprungs macht den Stein zum zentralen Vermessungspunkt der Römer für Entfernungen im Land. Dafür, meinte der Architekt von St Swithin's, sei das (heute verlorene) Fundament des Steins zu groß.

Jahrzehntelang blieb London Stone hinter Glas und einem Gitter in einem tristen Bürohaus der 60er Jahre. Als das Gebäude 2016 abgerissen wurde, wurde der Stein erneut untersucht, ohne dass wichtige neue Erkenntnisse resultierten. Im Neubau hat er aber endlich eine würdige Präsentation.

Adresse 111 Cannon Street, EC4N5BP | ÖPNV Cannon Street (Circle, District Line) | Tipp Unter dem neuen Bloomberg Building (12 Walbrook) in unmittelbarer Nähe zum London Stone werden die Reste eines römischen Mithras-Tempels in einer Multimediaschau anschaulich gezeigt (Di–Sa 10–16 Uhr, So 12–17 Uhr, www.londonmithraeum.com).

58 Lord's Cricket-Stadion

Heiligtum einer unergründlichen Sportart

Was Wimbledon für Tennis – das ist Lord's für Cricket, das englische Sommerspiel. Dieses extrem komplizierte Spiel ähnelt am ehesten Baseball. Ein »Bowler« wirft den ledernen Ball auf ein 70 Zentimeter hohes Tor, das der »Batsman« mit einem Schläger verteidigt. Gelingt es dem Batsman, den Ball wegzuschlagen, dann rennt er so lange hin und her, bis die übers Feld verteilten Gegenspieler den Ball zurückwerfen. So gewinnt er Punkte. Die gesamte Mannschaft kann einige hundert Punkte erzielen. Dann ist die Mannschaft, die zuerst geworfen und gefangen hat, mit dem Schlagen dran. Und das Ganze wird wiederholt. Ein Spiel kann fünf Tage dauern, obwohl täglich sechs Stunden lang gespielt wird.

Vor 200 Jahren schon spielten Aristokraten gern Cricket und wetteten enorme Summen darauf. Der Unternehmer Thomas Lord stellte einen Platz zur Verfügung, seit 1814 an der Stelle des heutigen Lord's Cricket Ground. Lord's, jetzt ein modernes Stadion mit einem futuristischen Pressezentrum, besitzt noch eine 1890 erbaute Tribüne mit Balkonen und dem gediegenen Long Room, wo Clubmitglieder, meist ergraute Establishment-Herren, manche mit bunt gestreiftem Blazer und Strohhut, unter Porträts ehemaliger Spieler tagelang zuschauen. Das angeschlossene Museum bewahrt Memorabilien auf, darunter ein ausgestopfter Spatz, der 1936 vom Ball getroffen wurde, und die heiligste Trophäe des Cricketspiels: eine kleine, mit Asche gefüllte Urne, um die England gegen Australien spielt. Die enthaltene »Asche des englischen Crickets« stammt aus dem 1882 nach einer katastrophalen Niederlage verbrannten Teil des Holztors.

Übrigens: Die in Deutschland wohlklingende Zahl 111 ist beim Cricket eine Unglückszahl, genannt »Nelson«, weil dieser Admiral vermeintlich nur noch einen Arm, ein Auge und ein Bein hatte. Wer so viele Punkte hat, dem droht Unheil. Um dies abzuwenden, steht der Schiedsrichter auf einem Bein.

Adresse St John's Wood Road, NW8 8QN | ÖPNV St John's Wood (Jubilee Line) | Tipp Angenehme Spaziergänge am Regent's Canal, der 400 Meter südlich und östlich vom Stadion liegt, führen westlich zum Kanalbecken Little Venice oder östlich zum Regent's Park.

59 M. Manze

Aal und Pastete im Stadtteil Peckham

Den wenigsten London-Besuchern begegnen die traditionellen Gerichte der Arbeiterklasse, denn die Lokale, in denen sie kredenzt werden – Mitte des 20. Jahrhunderts etwa 100 an der Zahl, heute kaum noch 30 –, befinden sich in Vierteln außerhalb der Stadtmitte. Es handelt sich um »eel, pie and mash shops«. Auf der Karte stehen Aal in Aspik (»jellied eel«) und Rindfleischpastete (»pie«) mit Kartoffelstampf (»mash«) und Petersiliensoße (»liquor«).

1902 gründete Michele Manze, dessen Eltern 1878 aus Süditalien eingewandert waren, seinen ersten Laden in der Tower Bridge Road Nummer 87. Das noch existierende Stammhaus der Familienfirma ist Londons ältester Aal-und-Pasteten-Laden. Manzes fünfte und letzte Gründung war im Jahr 1927 der Laden in Peckham. Die anderen wurden geschlossen, aber weit im Nordosten der Stadt, in Walthamstow, leiten andere Inhaber unter dem Namen Manze ein von Micheles Bruder Luigi etabliertes Geschäft, das wegen der erhaltenen Inneneinrichtung aus dem Jahr 1929 unter Denkmalschutz steht.

Seit Micheles Enkel 2019 in den Ruhestand gingen, wird die Firma Manze nun von der vierten Generation geführt. Täglich bereitet man alles frisch zu. Aale werden in Wasser mit Essig und Gewürzen gekocht. Beim Abkühlen wird die Flüssigkeit durch die natürlichen Proteine im Aal zu einem Gelee. Für die Pasteten wird der Teig von Hand geknetet und mit Rinderhack gefüllt, dazu kommen Kartoffelstampf und die nach einem Geheimrezept hergestellte grüne Soße. Während der Krawalle 1985 brannte der Laden in Peckham aus. Für die Neueröffnung 1990 schuf die Familie ein Interieur im traditionellen Stil mit Holzbänken und Fliesen. Die alte Fassade mit goldener Schrift und grünen Keramikfliesen links und rechts der Fensterfront besteht noch, und für fünf oder sechs Pfund bekommen Kunden wie eh und je ein nahrhaftes, preiswertes Essen in bewährter Qualität.

Adresse 105 High Street Peckham, SE15 5RS, Tel. 020/72776181, www.manze.co.uk | ÖPNV Bahn nach Peckham Rye, z. B. 16 Minuten ab London Bridge, am Bahnhof links auf Rye Lane, am Ende rechts auf die High Street und 100 Meter weiter | Öffnungszeiten Mo 11–14 Uhr, Di–Do 10.30–14 Uhr, Fr 10–14.15 Uhr, Sa 10–14.45 Uhr | Tipp Wie ein buntes, unter kleinen Vorstadthäusern gelandetes Raumschiff steht circa 50 Meter von Manze's unübersehbar die Peckham Library. Im Jahr 2000 erhielt der Architekt Will Alsop dafür den begehrten Stirling Prize. Ein Blick ins Innere der Bibliothek lohnt sich.

60_Die Marx Memorial Library

Lenins Büro und viele Devotionalien

Die Entfernung zu Fuß vom stattlichen Haus aus dem 18. Jahrhundert am Clerkenwell Green bis zum Bankenviertel ist relativ kurz. Die ideologische Distanz könnte nicht größer sein. Die Marx Memorial Library (Gedenkbibliothek) wurde 1933 gegründet, aber die Verbindung des Hauses mit linkem Gedankengut geht viel weiter zurück. Ab 1872 hatte ein radikaler Verein hier sein Domizil. Ab 1892 druckte die Twentieth Century Press sozialistische Literatur und empfing 1902/03 einen Gast aus Russland: Während seines Aufenthalts in London korrigierte Lenin die Druckfahnen für »Iskra« (»Funke«), die Zeitung der russischen sozialdemokratischen Partei, in einem noch erhaltenen Büro in der ersten Etage.

Heute ist das Haus vom Keller bis zum Dachgeschoss vollgestopft – mit 48.000 Büchern, den Archiven von Gewerkschaften und Aktivisten, mit Flugblättern und stapelweise Plakaten, mit Memorabilien der Arbeiterbewegung, die teilweise wie heilige Reliquien verehrt werden. Im Seminarraum befindet sich hinter Glas eine zerfranste Fahne aus dem Spanischen Bürgerkrieg, die auf die Särge gefallener Kameraden gelegt wurde. Die Wand hinter dem Tresen der Bibliothekare schmückt eine großformatige Malerei mit dem Titel »Der Arbeiter der Zukunft räumt mit dem Chaos des Kapitalismus auf«: Unter den Augen von Marx, Engels und Lenin zertrümmert eine heroische Figur die Bauwerke des Großkapitals.

Im abgetrennten Eckbüro, das als Lenins Arbeitsplatz gilt, sieht man ein Exemplar von »Iskra« und einen Ledermantel, den der Anführer der britischen Kommunistischen Partei von seinem bulgarischen Kollegen erhielt – er war ohne warme Kleidung zum Kongress im winterlichen Moskau angereist. Aber diese Bibliothek ist mehr als eine Ausstellung dubioser Devotionalien. Sie ist auch ein bedeutendes Archiv für Forschung und Bildung.

Adresse 37A Clerkenwell Green, www.marx-memorial-library.org.uk | ÖPNV Bus 55 oder 243 ab Tottenham Court Road bis Clerkenwell Road/St John Street | Öffnungszeiten Mo–Do 12–16 Uhr, Führungen Di, Do 13 Uhr | Tipp Ein Bier nebenan in der Crown Tavern (47 Clerkenwell Green) ist nach der staubigen Luft der Bibliothek genau das Richtige. Es ist möglich, aber nicht bewiesen, dass sich Lenin und Stalin 1905 zum ersten Mal hier begegneten.

61 Der Maulwurfhügel

Stolperfalle für einen siegreichen König

Hoch zu Ross beherrscht er den Park in der Mitte des St James's Square. Der Bildhauer stellte König William III. als jungen Feldherrn dar. Es handelt sich um den Niederländer Wilhelm von Oranien, der die Tochter des Königs James II. heiratete und 1689 auf Einladung des englischen Hochadels seinen Schwiegervater vom Thron stürzte. Er verteidigte die Niederlande gegen den französischen Sonnenkönig, war ein Führer protestantischer Kräfte in europäischen Kriegen und wird in Nordirland als »King Billy«, Bezwinger der Katholiken, heute noch gefeiert.

Ein Maulwurf brachte ihn zu Fall. Am 21. Februar 1702 galoppierte er im Park von Hampton Court auf seiner neuen Stute. Das Pferd stolperte über einen Maulwurfhügel, der König wurde aus dem Sattel geschleudert und starb 15 Tage später an den Folgen des Sturzes. Das Reiterdenkmal zeigt keinen Galopp, aber was liegt da unter dem linken hinteren Huf des Pferdes? – Eine statische Stütze oder der Maulwurfhügel?

Eigentlich gebietet der edle Stadtplatz Ehrfurcht vor Majestäten. In den 1660er Jahren ließ der Graf von St Albans mit besonderer Erlaubnis von Charles II. St James's Square für seine Standesgenossen bauen. Hier wohnten in den 1720er Jahren sieben Herzöge und sieben Grafen. Gedenkschilder nennen drei Premierminister, die im Haus Nummer 10 residierten. Einige Häuser aus dem 18. Jahrhundert mit aufwendigen Interieurs haben sich gehalten, beispielsweise Nummer 4, heute der Naval and Military Club (ehemalige Mitglieder: Lawrence von Arabien und Rudyard Kipling). Seit 1841 beherbergt Nummer 14 die London Library, eine private Leihbibliothek mit schönen Lesesälen, die schon Charles Darwin und der Sherlock-Holmes-Autor Sir Arthur Conan Doyle aufsuchten. St James's Square ist also ein Platz für die feine Gesellschaft, aber der Garten ist frei zugänglich, sodass auch Büro- und Bauarbeiter ihr Mittagsbrot unter dem Reiterdenkmal essen dürfen.

Adresse St James's Square, SW1Y 4LG | **ÖPNV** Piccadilly Circus (Bakerloo, Piccadilly Line) | **Öffnungszeiten** Garten: Mo–Fr 10–16.30 Uhr | **Tipp** »5th View«, das Café mit Cocktailbar auf der fünften Etage der riesigen Buchhandlung Waterstone's (203 Piccadilly, Mo–Sa 9–22 Uhr, So 12–17 Uhr) bietet gute, erschwingliche Kost mit Blick über die Dächer.

62 Mudchute City Farm

Tiere für Stadtkinder

Als Ost-Londoner Kinder während des Zweiten Weltkriegs aus der Stadt evakuiert wurden, kam ihre verblüffende Ignoranz über das ländliche Leben zu Tage. Manche wunderten sich darüber, dass Kühe so riesig waren, hätten sie sich diese Tiere doch in Hundesgröße vorgestellt. Für diese Unwissenheit besteht heute kein Grund mehr, denn London verfügt über einige Stadtbauernhöfe, wovon die Mudchute City Farm auf der Halbinsel Isle of Dogs mit 13 Hektar die größte ist.

Der Neugier weckende Name – »Mudchute« bedeutet »Schlammrutsche« – hat seinen Ursprung im 19. Jahrhundert, als im Norden der Isle of Dogs Hafenbecken entstanden. Ausgebaggerte Erde und Themseschlick deponierte man weiter südlich und schuf damit ungeplant ein fruchtbares Naturbiotop. Das Gebiet um die Hafenbecken gehört seit der Errichtung von Bankentürmen und teuren neuen Wohnungen zum schicken Docklands um Canary Wharf und Canada Water. Die südlich liegenden Viertel der Hafenarbeiter wurden saniert, und die ehemalige Schlammdeponie bereits in den 1970er Jahren zum Park mit Bauernhof umgestaltet.

Geht man vom Bahnhof Crossharbour in Richtung Süden, ändert sich innerhalb weniger Gehminuten die Szenerie vollständig. Postmoderne Hochhausarchitektur rückt in den Hintergrund, Wiesen und wuchernde Hecken am Wegesrand bestimmen das Bild, und die City Farm (Eintritt kostenlos) ist erreicht. Hier sind Gehege für Esel, Schafe und sogar Lamas, ein Teich für Gänse und Enten, Truthähne mit baumelnden Hautlappen, Goldfasane in Volieren. Pferde grasen auf der Koppel. Für die Kleinen gibt es Kaninchen und Meerschweinchen sowie einen Kinderspielplatz, für ältere Kinder eine Reitschule, für die Eltern ein Café. Gefräßige Ziegen dürfen gefüttert werden, und Veranstaltungen machen den Nachwuchs der Hauptstadt mit Farmtieren vertraut – eine wertvolle Arbeit, denn es gibt noch soziale Brennpunkte auf der Isle of Dogs.

Adresse Pier Street, E14 3HP | **ÖPNV** Crossharbour (DLR), vom Bahnhof den großen Supermarktparkplatz überqueren | **Öffnungszeiten** Park ständig geöffnet, Farm Mo–So 9–17 Uhr | **Tipp** Von der nächsten Station der DLR-Bahn, Island Gardens, kommt man schnell zum Flussufer mit einem großartigen Blick auf das historische Greenwich.

63_Die Nackten Damen

Eine Überraschung am Themse-Ufer

Wer von der Kirche in Twickenham am Themse-Ufer nach Osten spaziert, erblickt nach nur zwei Minuten erstaunliche Brunnenskulpturen. Eine nackte Göttin steht in einem von ungestümen Pferden gezogenen Gefährt. Auf den bemoosten Steinen zu ihren Füßen spielt sich ein rätselhaftes Drama ab. Mit flehenden Gesten schauen Wassernixen zu ihr hinauf. Eine ist anscheinend dabei, sie in den Teich zu stürzen, vielleicht aus Verzweiflung. Eine andere wird aus dem Wasser auf den Fels gezogen.

Um wen handelt es sich? Die Göttin könnte Venus sein, ihre Begleiterinnen sind wohl Meeresnymphen. Man nennt sie einfach die »naked ladies«, und ihre Geschichte ist genauso bemerkenswert wie ihre Anwesenheit im städtischen Park. Ein Hochstapler namens Whitaker Wright bestellte sie für seinen Landsitz südlich von London – wahrscheinlich in Italien, denn sie sind aus Carrara-Marmor, möglicherweise das Werk des römischen Bildhauers Andreoni. Als die Damen in England eintrafen, waren Wrights Betrügereien bereits aufgeflogen. Mit einer Zyankalikapsel beging er 1904 unmittelbar nach seiner Verurteilung im Gerichtsgebäude Selbstmord.

Der Besitzer des Anwesens York House am Themse-Ufer, der reiche Inder Sir Ratan Tata, erwarb die Nacktfiguren und beauftragte eine Gartenbaufirma, einen dazu passenden Brunnen zu errichten. Vor dem Ersten Weltkrieg bildete dieser die Kulisse für Gartenfeten der High Society. 1918 kam York House samt Gärten in den Besitz der Stadtverwaltung von Twickenham, die bis heute Büroräume im Haus unterhält. Der Versuch, die als unziemlich erachteten Statuen in einer Auktion zu veräußern, schlug fehl. Aus Furcht, der weiße Marmor könnte bei Mondschein deutsche Bombenangriffe anlocken, überzog man sie während des Zweiten Weltkriegs mit grauer Schlämme. Längst gesäubert und restauriert verharren sie in der Komposition, die sich die Gartenbaufirma 1909 ausgedacht hat.

Adresse Riverside, TW1 3DD | ÖPNV Bahn ab Waterloo nach Twickenham | Tipp Circa 400 Meter östlich veranstaltet die Orleans House Gallery im barocken Octagon Room eines sonst abgerissenen Herrensitzes Wechselausstellungen zeitgenössischer Kunst. Das Stables Café bietet Erfrischungen (Di–So 10–17 Uhr, www.orleanshousegallery.org).

64 Neal's Yard

Eine alternative Enklave seit über 40 Jahren

Nach dem Wegzug des Großmarkts für Obst, Gemüse und Blumen aus Covent Garden im Jahr 1974 und vor dem Aufstieg dieses Viertels ab den 1980er Jahren dank schicker Geschäfte und Touristenattraktionen, zu einer Zeit also, als die Gegend noch etwas heruntergekommen wirkte und Mieten niedrig waren, nistete sich eine neue Szene in einem versteckten Hinterhof ein. Die Lagerhäuser im dreieckigen Neal's Yard hatten dem Blumenmarkt gedient. Es bestand noch ein ungewöhnlicher Nachbarbetrieb, der Waffen und Rüstungen für den Gebrauch in Theatern verkaufte.

1978 öffnete in Neal's Yard eine Bäckerei mit Café, dann eine Käserei und ein Geschäft für Naturkosmetik und Heilmittel. Binnen kurzer Zeit entstand im Hof die Insel alternativer Kultur, die Neal's Yard bis heute geblieben ist. Afrikanische Masken und bunte Teller schmücken die in grellen Farben – Violett, Orange, Quietschgelb – gestrichenen Hausfassaden. Stühle gruppieren sich um ausgediente Öltonnen, in denen Sträucher und Bambus wachsen. Es gibt Wellnessangebote, einen auf Dreadlocks spezialisierten Friseur und Kurse über das Sammeln von »wild food« in Wald und Wiese.

Das Geschäft für Naturkosmetik, heute eine erfolgreiche Kette, ist noch vor Ort, und der Käseladen, der feinste Produkte von handwerklich arbeitenden Käsereien bezieht, ist um die Ecke in die Short's Gardens gezogen. Er war nicht immer so angesehen wie heute. Kurz nach der Gründung wollte der Schauspieler John Cleese dort einkaufen. Es hatte Probleme in der Herstellung gegeben, nur Joghurt stand im fast leeren Laden im Angebot – und so entstand die »Cheese Shop«-Nummer der Monty-Python-Komiker. Ein Schild im Hof erinnert daran.Die neuerliche Eröffnung eines schicken Weinlokals in Neal's Yard deutet leider an, dass die Tage des alternativen Lebens hier gezählt sind, aber noch verkauft das Wild Food Café seine mit Wurzelgemüse gefüllten veganen Burger und mit irischem Moos angereicherten Smoothies.

Adresse zwischen Short's Gardens und Monmouth Street, WC2H 9AT | ÖPNV Covent Garden (Piccadilly Line) | Tipp Wer lieber traditionell Britisches als vegetarische Vollwertkost isst, geht für die besten Fish & Chips der Gegend zum Rock and Sole Plaice (47 Endell Street, Mo–Sa 11.30–22.30 Uhr, So 12–21.30 Uhr). Den Monty-Python-Sketch findet man auf YouTube.

65 Die Nische der Old London Bridge

Ein Brückenteil wurde ins Krankenhaus eingeliefert

Zu den wenigen erhaltenen Fragmenten der alten London Bridge gehört eine halbrunde, überdachte Nische mit Sitzbank. Sie steht im Innenhof von Guy's Hospital und ist ständig besetzt – vom Dichter John Keats, der an diesem Krankenhaus Medizin studierte und sich nun, in Bronze gegossen, zwischen Blumenbeeten in seine Bücher vertieft.

Der kleine Bau stammt nicht von der mittelalterlichen Substanz der Brücke, sondern von Erneuerungsarbeiten um 1760. Bis dahin hatten Läden und Häuser die Fahrbahn verengt. Die Brücke wurde von diesen Überbauten befreit und mit 14 Nischen als Schutz für Fußgänger verschönert. Beim Abriss der Old London Bridge 1831 baute Guy's Hospital eine der formschönen Nischen an eine Außenmauer als Aufenthaltsort für Patienten der Psychiatrie, wo sie den Namen »Lunatick Chair« (Verrücktensitz) erhielt. Zwei weitere stehen im Victoria Park im Stadtteil Hackney.

Die Geschichten über London Bridge füllen viele Bände. Eine erste römische Brücke an der Stelle wurde vor dem Jahr 1000 ersetzt. Einige Holzbrücken folgten aufeinander, bis 1176 König Henry II. einen Steinbau beauftragte. Eine Kapelle in der Brückenmitte war dem heiligen Thomas Becket geweiht, dessen Märtyrertod der König zuvor veranlasst hatte. Eine Ziehbrücke ließ hohe Schiffe durch, auf befestigten Toren an beiden Ufern ließen folgende Könige die Köpfe ihrer Feinde aufspießen. Die Pfeiler der 19 Brückenbögen behinderten den Wasserfluss so sehr, dass sich Stromschnellen bildeten und die Themse flussaufwärts leicht zufrieren konnte.

Es lohnt sich, einen Blick in die Höfe des 1721 von Thomas Guy gegründeten Krankenhauses zu werfen. Wer aber den Nachfolger der Old London Bridge besichtigen will, muss nach Lake Havasu City in Arizona, wo sie 1971 wiedererrichtet wurde.

Adresse St Thomas Street, SE1 9RT | **ÖPNV** London Bridge (Jubilee, Northern Line) | **Tipp** Im Dachraum der St.-Thomas-Kirche gegenüber Guy's Hospital befindet sich The Old Operating Theatre, ein OP-Saal im Originalzustand des 19. Jahrhunderts mit Ausstellung und Kräuterapotheke (9a St Thomas Street, Mo 14–17, Di–So 10.30–17 Uhr).

66 Nunhead Cemetery

Überwucherte Friedhofspracht

Die Grabmäler auf dem Friedhof von Nunhead rufen gegensätzliche Gefühle hervor: einerseits Ehrfurcht vor dem Bild romantischen Verfalls, andererseits Empörung über den verwahrlosten Zustand feiner Steinmetzarbeiten. Bei der Eröffnung im Jahr 1840 war eine ordentliche, 20 Hektar große Anlage auf einem 60 Meter hohen Hügel mit Blick auf die Innenstadt vorgesehen. Damals war Nunhead eine ländliche Siedlung, deren Höfe London mit Gemüse versorgten. Der Friedhof gehörte zu den »Magnificent Seven«, sieben als Aktiengesellschaften gegründete Nekropolen. Rasenflächen, mit Eichen und Kastanien bepflanzte Wege und eine neugotische Kapelle versprachen eine würdige ewige Ruhe – und satte Dividenden für die Betreiberfirma, die in den 1960ern aber keine Aussicht mehr auf Gewinn sah und die Pflege einstellte. Aus dem aufgeräumten Areal wurde eine Wildnis; aus Rasen ein Wald mit undurchdringlichem Unterholz.

Heute ist Nunhead Naturschutzgebiet, eher ein Erholungsgelände für Jogger und Hundebesitzer als Ort des stillen Gedenkens. Kletterpflanzen überziehen aufwendige Grabmäler. Wurzeln und Baumstämme stoßen Kreuze um, Engelsfiguren fallen von ihren Sockeln. Schmuckfragmente – Urnen, steinerne Fackeln – liegen verstreut, verschwinden unter Efeu und Brombeersträuchern. Der Verein »Friends of Nunhead Cemetery« führt notdürftige Rettungsarbeiten durch. Manch altes Glanzstück bleibt – ein Obelisk nahe dem imposanten Haupteingang ehrt die »Scottish Martyrs« (um 1800 forderten sie Reformen und wurden nach Australien deportiert). Von dort führt eine Allee zur Kapelle. Wer sich hier rechts hält und der Kurve nach Süden folgt, erreicht Prachtgräber wie das Figgins-Grab, einen klassizistischen Baldachin auf Säulen. Hier geht es wieder nach rechts auf den West Hill, wo eine Lücke in den Bäumen den Blick auf die acht Kilometer entfernte St Paul's Cathedral freigibt.

Adresse Linden Grove, SE15 3LP, www.fonc.org.uk | ÖPNV Bahn nach Nunhead ab Victoria Station in Richtung Gravesend, circa 15 Minuten vom Bahnhof in die Oakdale Road, dann rechts in die Linden Grove zum Haupteingang (5 Minuten Fußweg) | Öffnungszeiten täglich 8.30–16.30 Uhr, im Winterhalbjahr bis 16 Uhr; Führungen siehe Webseite | Tipp The Ivy House in der 40 Stuart Road (vom Südostausgang des Friedhofs rechts in die Limesford Road, geradeaus in die Borland Road, rechts in die Stuart Road) ist ein »community pub«, das heißt der Träger ist eine Bürgerinitiative. Küche und Biersorten sind empfehlenswert (täglich, Infos unter www.ivyhousenunhead.com).

67 One New Change

Eine kostenlose Aussicht auf Stadt und Kathedrale

Die in die Fassade von One New Change eingeschnittene Gasse ist direkt auf die St Paul's Cathedral gerichtet. Mit dem Rücken zur Kirche schreitet man auf einen Aufzug zu und schießt nach oben – mit einem spektakulären Blick auf die Domkuppel, die sich in Glaswänden links und rechts spiegelt. Es verschlägt einem den Atem, aber auf der Aussichtsterrasse kommt man zur Ruhe und hat alle Zeit der Welt, um den Blick über Londons Dächer schweifen zu lassen – Richtung Süden zum Riesenrad Millennium Wheel oder zum Glassplitterwolkenkratzer The Shard, aber vor allem zur fast greifbaren, erhabenen Kuppel der Kathedrale.

Besucher der Aussichtsterrassen von The Shard oder der St Paul's Cathedral zahlen einen saftigen Preis. Das Einkaufszentrum One New Change nimmt dagegen kein Eintrittsgeld – eine vielleicht kluge Geste, denn der 2010 eröffnete Bau ist umstritten. Heikler könnte der Standort kaum sein. Die St.-Pauls-Kathedrale ist ein Wahrzeichen der Stadt, ihre Kuppel, die den Bombenhagel des Zweiten Weltkriegs gerade noch überstand, ein nationales Symbol der Briten. Gegenüber zeigt sich One New Change, ein Einkaufszentrum mit 31.000 Quadratmetern darüberliegender Bürofläche, eine Fassade aus undurchsichtigen braunen Glasscheiben in teils schrägen Winkeln, die ihm den Spitznamen »Tarnkappenbomber« eintrugen. Prinz Charles, der sich gern in solche Angelegenheiten einmischt, versuchte, diese Ausführung zu verhindern, obwohl der französische Architekt Jean Nouvel 2001 die vom Monarchen verliehene Royal Gold Medal für Architektur erhalten hatte. Tatsächlich sorgte Nouvel mit acht Stockwerken und einer Höhe von 34 Metern für bescheidenere Dimensionen als der elfstöckige Vorgängerbau. Ob man das Bauwerk mag oder nicht, es bietet einen einmaligen kostenlosen Blick. Wer Geld ausgeben will, findet oben ein Restaurant und eine Cocktailbar, im Einkaufszentrum darunter viele Geschäfte und weitere Esslokale.

Adresse 1 New Change, EC4M 9AF, www.onenewchange.com | ÖPNV St Paul's (Central Line) | Öffnungszeiten täglich 6–24 Uhr | Tipp Auf der Dachterrasse stehen vom Vorgängerbau gerettete Kunstwerke, unter anderem ein Mosaik des russischen Künstlers Boris Anrep, das die Figur Ariel aus Shakespeares »Der Sturm« darstellt. Mosaiken von Anrep zieren das Treppenhaus der National Gallery, auch das Kunstmuseum Tate Britain und die Westminster Cathedral.

68_Orbit

Aussichtsturm am Olympiagelände

Auf Londons größte Party aller Zeiten soll keine Katerstimmung folgen. Die Planung für die Olympischen Sommerspiele 2012 sah die dauerhafte Aufwertung eines ehemals maroden Gebiets vor. Wo einst 200 chemische Betriebe die Böden und Wasserwege verseuchten, entsteht ein Park. Damit keine ungenutzten Kolosse vor sich hin gammeln, wie es nach sportlichen Großereignissen in anderen Städten geschah, wurden die Sportarenen zum Teil abgebaut, aber das Hauptstadion, ein verkleinertes Schwimmstadion und das Velodrom bleiben. 8.000 neue Wohnungen in fünf Nachbarschaften sind bis 2030 geplant – und mittendrin steht eine unübersehbare Besucherattraktion, eine 115 Meter hohe Skulptur als Aussichtsturm.

Dieses Werk des Ingenieurs Cecil Balmond und des Künstlers Anish Kapoor heißt offiziell ArcelorMittal Orbit. Der Milliardär Lakshmi Mittal finanzierte einen großen Teil des Projekts, auch durch die Verwendung von Stahl, den seine Firma gemäß dem im Olympiaprojekt hochgehaltenen Nachhaltigkeitsprinzip zu rund 60 Prozent aus Recycling produzierte.

Eine Struktur wie eine außer Kontrolle geratene Loopingbahn wickelt sich um einen zentralen Pfeiler. Oben ragt die doppelte Aussichtsplattform hervor und bietet einen 30 Kilometer weiten Blick über ganz London. Besucher können im Aufzug absteigen oder die Spiraltreppe mit 455 Stufen in einem »Orbit« (Umlaufbahn) nehmen. Aufregender ist aber die 178 Meter lange Rutsche, mit der man in nur 40 Sekunden zum Boden hinunterschraubt.

Erwartungsgemäß gehen die Meinungen zum Kunstwerk weit auseinander. »Eine Schlange, die einen Besenstiel verschluckt« und »prahlerischer Gigantismus« sagen die einen, während Kunstkritiker die Körperhaftigkeit des Turms lobten und darin ein »Netz aus roten Blutgefäßen« oder einen »großzügigen, betrunkenen Partygänger« sahen. Ob mit dem Partygänger doch ein Kater einhergeht? Wahrscheinlich nicht, denn die Publikumsreaktion auf Orbit war bisher positiv.

Adresse South Plaza, Queen Elizabeth Olympic Park, E20 | **ÖPNV** Stratford (Central, Jubilee Line, DLR) | **Öffnungszeiten** Mo–Fr 11–16, Sa, So 10–18 Uhr, www.arcelormittalorbit.com | **Tipp** Bootsausflüge auf dem River Lea werden im Queen Elizabeth Park angeboten: Ostern bis Okt. täglich 12–17 Uhr stündlich zur vollen Stunde.

69_The OXO Tower

Brühwürfelarchitektur mit Panorama

Auf der achten Etage entlässt der Aufzug Fahrgäste in den Empfangsbereich eines schicken Restaurants. Das Zauberwort heißt dort »Viewing Terrace«: Dann zeigt die Empfangsdame den Weg zur Außenterrasse oberhalb des Südufers der Themse, wo jeder einen herrlichen Blick kostenlos genießen darf. Unten fahren Boote vorbei, gegenüber breitet sich die Skyline aus: links Charing Cross Station und Waterloo Bridge, im Hintergrund der Telecom-Turm, gegenüber Somerset House, rechts Blackfriars Bridge und St Paul's Cathedral. Die schräge Glaswand des Lokals spiegelt alles wider. Der größere Teil der Terrasse ist dem Restaurant vorbehalten, wobei man zu bestimmten Zeiten einfach eine Tasse Kaffee bestellen kann.

Das gesamte Haus hat einen kulinarischen Ursprung: OXO bezeichnet einen Brühwürfel aus Rindfleischextrakt. Jeder Brite kennt diese Marke, die für bodenständige Küche steht. Auf der Basis einer Erfindung des deutschen Chemikers Justus Liebig betrieb die »Liebig Extract of Meat Company« seit 1900 unter dem Namen OXO ein Getränk, später einen Würfel, und verteilte das Produkt 1908 als offizieller Sponsor an Athleten der ersten Olympischen Spiele in London.

Im Ersten Weltkrieg gehörte OXO zur Notration der britischen Truppen. 1928 baute die Firma ein Kühllager mit Fabrik am Flussufer, wo Fleisch aus Südamerika angeliefert wurde. Das Haus im Art-déco-Stil erhielt einen eleganten Turm, doch die Behörden verweigerten die Erlaubnis, Leuchtwerbung für OXO anzubringen. Daraufhin entwarf der Architekt für alle Turmseiten drei übereinander platzierte Fenster: Aussparungen in Form eines O, eines X und wieder eines O, die nachts leuchteten.

In den 1990er Jahren wurde das Haus renoviert. Seitdem gibt es unten zwei Etagen mit Geschäften und Galerien, darüber Wohnetagen und oben das ambitionierte Restaurant mit Terrasse. Fragen Sie den Koch lieber nicht, ob er OXO-Würfel verwendet.

Adresse Barge House Street, SE1 9GY | ÖPNV Southwark (Jubilee Line) | Öffnungszeiten Mi 11–22.30, Do 11–23, Fr, Sa 11–24 Uhr, So 12–22.30 Uhr | Tipp Preiswerte Restaurants und Galerien für Kunst und Kunsthandwerk haben sich direkt westlich des OXO Tower auf dem Gelände Gabriel's Wharf etabliert.

70 Paddington Street Gardens

Alles grün und sauber im ehemaligen Friedhof

Der Stadtteil Marylebone verfügt über wenige Grünflächen. Eine davon ist der charmante Park südlich der Paddington Street, der 1733 als Friedhof der Pfarrkirche St Marylebone angelegt wurde. Als die Bestattungen an dieser Stelle im Jahr 1857 eingestellt wurden, beherbergte der Friedhof um die 80.000 Gräber. Nach Räumung wurde die Anlage 1885 zum öffentlichen Park, ist aber bis heute geweihter Boden, und einige wenige Grabsteine sind geblieben. Ein einziges Mausoleum mit feiner Steinmetzarbeit ließ man stehen. Eine gerade noch leserliche Inschrift hält fest, dass Richard Fitzpatrick den quadratischen Bau mit Kuppeldach und krönender Urne für seine 1759 verstorbene Ehefrau Susanna errichten ließ.

Nahe dem Parkeingang kann man Fahrräder mieten – angesichts des tosenden Verkehrs in der Paddington Street ist dazu ein wenig Mut erforderlich. Um die schlimmsten Folgen der Abgase zu verhindern, wurde eine »Low Emission Zone« ins Leben gerufen. Zu deren Projekten gehört die Anpflanzung ausgesuchter Bäume zur Verbesserung der Luftqualität. Widerstandsfähig sind auf jeden Fall die alten Platanen, die im Park eine beeindruckende Höhe erreichen und das Geschehen vom Wohnturm nebenan abschirmen. Sträucher und Blumenbeete – mit Kirschblüte und Goldregen im Frühling, prächtigen Rosen im Sommer – setzen fast das ganze Jahr farbliche Akzente.

Selbstverständlich gibt es einen Spielplatz. Während die Kleinen sich austoben, können Eltern einen Liegestuhl mieten oder mit Tischtennis im Freien selbst aktiv werden. Mitten im Garten zeigt eine Skulptur, dass in vergangenen Jahrhunderten nicht alle Kinder ein sorgenfreies Leben führten. Der italienische Bildhauer Donato Barcaglia schuf 1943 ein Werk mit dem Titel »The Street Orderly Boy« – der Ausdruck ist eine veraltete Bezeichnung für einen Straßenfeger. Der Junge sitzt in einer putzigen Pose und bürstet einen Schuh.

Adresse Paddington Street, W1U 4AL | ÖPNV Baker Street (Bakerloo, Circle, Jubilee Line) | Öffnungszeiten 7 Uhr bis zum Einbruch der Dunkelheit | Tipp Wer den Garten am südöstlichen Ausgang verlässt, erlebt in der Moxon Street die köstliche Seite des Stadtteils: Der Laden Ginger Pig verkauft hochwertige Charcuterie, die Fromagerie hat neben Käse auch ein Café, Rococo ist eine Chocolaterie.

71_Peabody Estate in der Whitecross Street

Sozialer Wohnungsbau seit 150 Jahren

Vielerorts in London sieht man an Wohnsiedlungen den Namen »Peabody Trust«. Diese wohltätige Organisation, 1862 von George Peabody gegründet, reagierte auf die Wohnungsnot in der Stadt zu einer Zeit, als Arbeitsplätze nahe der Stadtmitte lagen, vor allem im Hafengebiet, und Fahrten mit öffentlichen Verkehrsmitteln aus Vororten für die meisten Arbeiter zu teuer waren. Unhygienische innerstädtische Slums waren die Folge.

Der Amerikaner Peabody war bereits ein wohlhabender Großhändler, als er 1827 nach London kam und sein Vermögen durch Finanzgeschäfte weiter vermehrte. Später investierte er erfolgreich ins amerikanische Eisenbahnnetz und konnte mit seinem Reichtum gute Werke an beiden Seiten des Atlantiks tun. Für seine Londoner Stiftung spendete er eine halbe Million Pfund, damals eine enorme Summe. Der Peabody Trust baute und vermietete helle Wohnungen mit hohen Decken, Waschküchen und WCs, die dankbare Abnehmer fanden. Die erste Siedlung entstand 1863 im Stadtteil Spitalfields. Binnen 25 Jahren errichtete der Trust 5.000 Wohneinheiten, darunter 1883 die Häuser in der Whitecross Street. Die Architektur ist etwas streng, wie damals und heute die Hausregeln für die Mieter – Rad- und Skateboardfahren, Ballspiele und Musik sind in den spärlich begrünten Höfen verboten. Nüchtern, sauber und gepflegt ist seit 150 Jahren der prägende Stil.

Bis zu den 1970er Jahren teilten sich in der Whitecross Street zwei Wohnungen jeweils Waschküche und WC. Für moderne Verhältnisse sind die Räume klein, brauchen den Vergleich mit vielen Sozialwohnungen der 1960er und 1970er jedoch nicht zu scheuen. Der Peabody Trust verwaltet heute rund 20.000 Wohnungen in London. Den Gründer ehrt seit seinem Todesjahr 1869 eine Statue hinter dem Royal Exchange.

Adresse Whitecross Street, EC1Y 8JL | ÖPNV Barbican (Circle, Hammersmith & City, Metropolitan Line) | Tipp Jeden Donnerstag und Freitag ergänzen hochwertige Imbissbuden und Lebensmittelstände mit einem internationalen Angebot den ansonsten einfachen Straßenmarkt (Mo–Fr 10–17 Uhr) in der Whitecross Street.

72 Peckham Levels

Eine schräge Welt im Parkhaus

Was macht man mit einem riesigen, stillgelegten, mehrstöckigen Parkhaus? Kreative Zweckentfremdung oder Abriss? Für die erste Option entschied man sich im einst verschrienen, heute angesagten Stadtteil Peckham, der auch für Londoner Verhältnisse durch ethnische Vielfalt geprägt ist. Etwa die Hälfte der Bewohner sind Schwarze aus Afrika und der Karibik. Auch Menschen aus Osteuropa, China, Vietnam und dem Indischen Subkontinent sowie weiße Briten, teils aus der hippen Szene, sorgen hier für eine lebhafte Mischung der Kulturen.

Das erste Zeichen, dass in Peckham etwas los ist, setzte im Jahr 2000 die postmoderne Bibliothek, die dem Architekt Will Alsop den Stirling Prize, den angesehensten britischen Architekturpreis, bescherte. Ab 2009 zog die Café-Bar Frank's auf dem Parkhausdach ein junges Publikum in den Sommermonaten an. Trendige Cocktails bei Sonnenuntergang – Favorit ist seit Jahren ein Negroni – mit dem tollen Blick auf Alsops Bücherei und die Skyline der Londoner City waren unschlagbare Argumente. Die Parkebenen darunter heißen jetzt Peckham Levels, ein Förderprojekt für kreative Menschen aus der Gegend. Die Ebenen 1 bis 4 sind das Domizil von 100 kleinen Betrieben, darunter Schmuck- und Modedesigner, Hersteller von Musikinstrumenten, ein Tanzstudio, allerlei Start-ups. Das Layout ihrer Studios und Coworking-Büros bestimmen die Flächen der ehemaligen Parkplätze.

Weiter oben führt das in knalligen Farben bemalte Treppenhaus zum öffentlichen Bereich auf den Ebenen 5 und 6, wo Spiegelglas und Wandmalereien die farbenfrohe Umgebung für Bars, Streetfood-Stände mit veganen Gerichten aus der Karibik und regionaler chinesischer Küche, Friseur- und Beautyläden, ein Yogastudio und einen Kinderspielplatz bilden. An Wochenenden und bis zum späten Abend beleben Tanzkurse, Ausstellungen, Märkte und Musikveranstaltungen das Betongemäuer.

Adresse 95A Rye Lane, SE15 4ST | ÖPNV Bahn nach Peckham Rye, z. B. 16 Minuten ab London Bridge, am Bahnhof links auf Rye Lane, diese Straße überqueren, Eingang rechts vom Kino Peckhamplex | Öffnungszeiten Mo–Mi 10–23 Uhr, Do–Sa 10–1 Uhr, So 10–24 Uhr, Infos unter www.peckhamlevels.org | Tipp Mit der Küche von Senegal und der Karibik, Lebensmitteln aus Südamerika und Afrika und Kleidung aus aller Welt spiegelt Rye Lane Market (Mo–Sa 10–18 Uhr) die Vielfalt des Stadtteils wider.

73_The Piccadilly Line

Design und Architektur für die U-Bahn

Dunkelblau erscheint die Piccadilly Line auf dem Plan der Londoner U-Bahn, jenem zu Recht bewunderten Kunstwerk, das ein Routengeflecht aus elf Linien mit 260 Stationen vereinfacht und lesbar macht. Auch die Gebäude und Inneneinrichtung der U-Bahn haben künstlerischen Wert. Manche Stationen stehen unter Denkmalschutz.

Im Dezember 1906 ging der erste Teil der Piccadilly Line, von Hammersmith im Westen bis Finsbury Park im Nordosten, in Betrieb. Ein junger Architekt namens Leslie Green war für die Gestaltung verantwortlich. Seine Bahnhofsfassaden mit glasierten Terrakottaziegeln in der Farbe Ochsenblut, Rundbogenfenstern im oberen Stockwerk und einem ausgeprägten Gesims besitzen noch heute einen hohen Wiedererkennungswert. Innen bedeckten Kacheln in verschiedenen geometrischen Farbmustern – Weiß und Gelb in Covent Garden, Dunkelgrün und Creme in Gloucester Road – die Innenwände und dienten auch der Beschilderung.

In den 1930er Jahren trat bei der Erweiterung nach Osten und Westen ein zweiter begabter Architekt auf den Plan. Charles Holden hatte bereits 1928 die kreisrunde Schalterhalle unter Piccadilly Circus mit der noch vorhandenen Verkleidung aus Travertin erneuert. Er unternahm eine Reise durch Deutschland, die Niederlande und Skandinavien, um den neuen Stil der Moderne zu studieren. Das Ergebnis war eine schlichte Architektur mit viel Backstein und Glas, klaren Linien und Kontrasten zwischen runden und eckigen Formen, beispielsweise im denkmalgeschützten Bahnhof Sudbury Town im Westen oder Southgate im Norden.

Zum 100. Jubiläum 2006 kamen zeitgenössische Kunstwerke mit dem gemeinsamen Thema »Die Reisen von Marco Polo« in die Piccadilly Line, und die ursprünglichen Fliesen in Russell Square und Covent Garden wurden restauriert. So hat auch die anstrengendste Fahrt im überfüllten Zug einen gewissen ästhetischen Reiz.

Adresse Zwischen Heathrow Airport im Westen und Cockfosters im Nordosten | Öffnungszeiten In der Stadtmitte verkehrt die Piccadilly Line zwischen circa 5 Uhr und 0.30 Uhr, Fr und Sa die ganze Nacht. | Tipp Das Museum of London Transport widmet sich nicht nur der Technik, sondern auch dem Thema Design, zum Beispiel der historischen Plakatkunst der U-Bahn (Piazza von Covent Garden, täglich 10–18 Uhr).

74 Pimlico Road Farmers' Market

Mozart überwacht lokale Qualitätsprodukte

Die Einmündung der Ebury Street in die Pimlico Road bildet einen kleinen dreieckigen Platz an der Grenze des noblen Belgravia zu den Stadtteilen Chelsea und Pimlico. Dort steht eine zierliche Statue des jungen Wolfgang Amadeus Mozart, der 1764 seine ersten beiden Sinfonien im Alter von neun Jahren im Haus 180 Ebury Street komponierte.

Da der Platz damals unbebaut war, wird Mozart hier weidende Tiere und Gemüsegärten gesehen haben. Samstags hat er seit 2002 wieder einen Blick auf Möhren und Kohl, wenn Lebensmittelproduzenten ihre Marktstände aufbauen.

Seit den 1990er Jahren breiten sich Bauernmärkte in England aus. Sie sind einerseits Ausdruck eines gestiegenen Bewusstseins für Qualität und Herkunft der Lebensmittel sowie für die Umwelt (Produkte kommen aus der Region und haben keine lange Reise hinter sich), andererseits eine Reaktion auf die Übermacht riesiger Handelsketten, die enormen Preisdruck auf Lieferanten ausüben und Massenware statt Individuelles verkaufen. Auf dem Farmers' Market dagegen kennt der Kunde die Bauern und Hersteller persönlich.

Auf dem Platz unter Mozarts Augen – er hat keinen offiziellen Namen, wird meist Orange Square genannt – finden viele Stammkunden ein Sortiment, das über Obst und Gemüse oder Fleisch aus eigener Schlachtung weit hinausgeht. Fischer mit einem eigenen Boot an der Südküste verkaufen den tagesaktuellen Fang. Es gibt frische Pasta und hausgemachten Pesto, selbst gebackenen Kuchen und vielfältige Brotsorten, die man in England nicht unbedingt erwartet. Einige Käsehersteller verkaufen Ziegenkäse, reifen Cheddar und viele weniger bekannte Sorten – britischer Käse ist ein unterschätzter Genuss. Sortenreiner Apfel- und Birnensaft aus Kent sowie Austern und Krebse aus Ostengland runden das Angebot ab.

Adresse Pimlico Road, Ecke Bourne Street/Ebury Street, SW1W 8NE | **ÖPNV** Sloane Square (Circle, District Line) | **Öffnungszeiten** Sa 9–13 Uhr | **Tipp** Für eine Einkaufstour in dieser Gegend bieten sich das Kaufhaus Peter Jones am Sloane Square und die teure, aber abwechslungsreiche Shoppingmeile King's Road an. Informationen über 20 Londoner Farmers' Markets findet man unter www.lfm.org.uk.

75 Postman's Park

Ein Denkmal für unbekannte Helden

Nach einigen Tagen in London kann man einen Denkmalkoller bekommen. Wo man hinschaut, da stehen sie: Militärhelden mit festem Blick, Staatsmänner des British Empire, Reiterstandbilder von Königen, die es nicht verdienten. Für Menschen mit demokratischer Gesinnung ist ein kleiner Garten nahe St Paul's Cathedral dagegen äußerst wohltuend.

Der Maler George Frederic Watts (1817–1904) hegte bereits seit 30 Jahren den Plan, unbekannte Helden des Alltags zu ehren, als im Juli 1900 sein Vorhaben in Erfüllung ging. Nachdem der erste Standortvorschlag, Hyde Park, keine Resonanz fand, fiel die Wahl auf eine 1880 angelegte Grünfläche an der Stelle eines ehemaligen Friedhofs. Der Ort heißt »Postman's Park«, weil Angestellte des nahen Hauptpostamts dort ihre Pause verbrachten.

»Zum Gedenken an heroische Selbstopfer«, überschrieb Watts sein Ehrenmal, eine bescheidene, an eine Mauer angebaute Loggia mit Platz für 120 Keramiktafeln in fünf Reihen. Diese von Hand bemalten Plaketten erzählen von Menschen, die ihr eigenes Leben für andere opferten. Ein Arbeiter in einer Zuckerraffinerie erlitt tödliche Verbrennungen, als er einen Kollegen nach einer Kesselexplosion suchte. Ein Eisenbahnbeamter ertrank im River Lea bei einem Rettungsversuch. Eine 17-Jährige schützte ein Kind vor einem galoppierenden Pferd und starb an ihren Verletzungen. Ein Todesmutiger verhinderte den Selbstmord einer »irren Frau« am Bahnhof Woolwich und wurde selbst vom Zug überrollt. Ein anderer Held holte Menschen vom aufbrechenden Eis der Teiche bei Highgate und starb »an Erschöpfung«.

Die Helden der ersten 13 Tafeln, die türkisfarbenen der mittleren Reihe, wählte Watts selbst aus. In den 30 Jahren nach seinem Tod ließ seine Frau weitere 40 mit blauer Schrift und Blumendekoration anbringen. 78 Jahre später kam 2009 die vorerst letzte hinzu, aber zwei der fünf Reihen bleiben leer. Man ehrt ja lieber Generäle.

Adresse King Edward Street, EC1A 4EU | ÖPNV St Paul's (Central Line) | Öffnungszeiten Mo–So 8–19 Uhr oder bis zum Einbruch der Dunkelheit | Tipp Nur 100 Meter weiter an der Ecke zur Newgate Street ist das Gelände der von Bomben zerstörten Kirche Christchurch Newgate als duftender Garten im Cottage-Stil dicht bepflanzt.

76_The Princess Diana Memorial Fountain

Planschen wird geduldet

Als die Landschaftskünstlerin Kathryn Gustafson ihren Entwurf für einen Brunnen zum Gedenken an Diana, Princess of Wales, präsentierte, erklärte sie, das Werk solle ein Symbol für das Leben der Prinzessin werden. Und tatsächlich: Auch der Brunnen ist schön, kinderfreundlich, teuer im Unterhalt und kontrovers.

Eröffnet wurde er 2004 von der Queen im Beisein von Dianas Ex-Mann Charles und den Söhnen William und Harry. Er ist kein Brunnen im herkömmlichen Sinne, sondern ein doppelter Bach, der an einem sanften Hang im Süden des Hyde Park installiert wurde. Oben quillt Wasser hoch und fließt in zwei Richtungen zum unteren Ende eines großen Ovals, wo sich die beiden Strömungen in einem Becken vereinen. Das Bachbett, Granit aus Cornwall, ist zwischen drei und sechs Meter breit und 210 Meter lang. Drei Brücken, kleine Wasserfälle und Unterschiede im Gefälle sorgen für Abwechslung. Rillen, Vertiefungen und Kurven im Bachbett bringen das Wasser zum Tanzen: Es rauscht, schäumt und gluckert, spritzt hoch aus kleinen Düsen und kommt im unteren Becken endlich zur Ruhe.

Kurz nach der Eröffnung trübten negative Schlagzeilen das Wässerchen. Menschen rutschten auf dem glatten Granit aus, ein Kind verletzte sich am Kopf. Im Herbst verstopften Blätter den Wasserfluss. Die Anlage wurde geschlossen, nachgebessert, die glitschigen Flächen teils aufgeraut. An warmen Sommertagen ist der Brunnen jetzt ein absoluter Hit für Kinder. Auch Erwachsene krempeln die Hosenbeine hoch und waten vorsichtig durch die Granitwanne. Offiziell dürfen Besucher am Rand sitzen und die Füße eintauchen, den Brunnen aber nicht betreten. Das stets vorhandene Sicherheitspersonal drückt jedoch ein Auge zu – und so haben Jung und Alt ihren Spaß. Diana hätte es sicher gefallen.

Adresse im südwestlichen Teil vom Hyde Park | **ÖPNV** Knightsbridge (Piccadilly Line) | **Öffnungszeiten** Mo–So ab 10 Uhr, April–Aug. bis 20 Uhr, Sept. bis 19 Uhr, März, Okt. bis 18 Uhr, Nov.–Feb. bis 16 Uhr | **Tipp** Der Diana Memorial Playground, ein großer Kinderspielplatz mit Piratenschiff für die Kinder und Sitzbänken für die Eltern, liegt in der nordwestlichen Ecke der Kensington Gardens (täglich ab 10 Uhr, Mai–Aug. bis 19.45 Uhr, April, Sept. bis 18.45, März, Okt. bis 17.45, Feb. bis 16.45, Nov.–Jan. bis 15.45 Uhr).

77_The Prospect of Whitby

Henkerstrunk in der Hafenkneipe

Sie ist der Inbegriff einer Seemannskneipe: Holzfässer wurden in die mit Zinn verkleidete Theke eingebaut, die Stützen der niedrigen Decke sind Schiffsmasten, die schiefen Steinplatten auf dem Boden stammen aus dem 18. Jahrhundert, und der Kamin ist rußgeschwärzt. In Räumen, die wie die Admiralskabine eines historischen Schlachtschiffes anmuten, fällt der Blick durch Sprossenfenster auf die Themse. Von der Außenterrasse direkt unter einem Weidenbaum schaut man beim Pub-Lunch auf die vorbeifahrenden Schiffe – und auf einen Galgen mit einem baumelnden Strick.

Der Galgen ist eine Attrappe, die an wahre Geschichten erinnert. Vor fast 500 Jahren stand eine Kneipe, »The Pelican«, an dieser Stelle. Der Überlieferung nach feierte Sir Hugh Willoughby hier seinen letzten Abend an Land, bevor er 1553 um das Nordkap segelte und bei dem Versuch, über die Nordostroute China zu erreichen, auf der Halbinsel Kola mit seiner gesamten Besatzung erfror. Er war nicht der einzige Todgeweihte, der hier sein Bier trank. Ein kurzes Stück in westlicher Richtung – der genaue Standort ist nicht bekannt – lag Execution Dock, die Hinrichtungsstätte der königlichen Marine seit dem 14. Jahrhundert.

Die Gerichtsbarkeit für Delikte auf hoher See, zum Beispiel bei Meuterei und Piratentum, unterstand der Admiralität, die jedoch keine Rechte auf Land besaß. Der Galgen wurde deshalb in Ufernähe aufgestellt, sodass er auch bei Ebbe im Wasser stand. Die Verurteilten kamen auf einem Karren dorthin und erhielten ein Quart (knapp mehr als ein Liter) Ale vor der Vollstreckung.

Die letzten auf diese Weise Gehenkten waren zwei Matrosen, die 1830 ihren Kapitän ermordet hatten. Die Leichen blieben am Galgen hängen, bis die Flut dreimal über ihre Köpfe gestiegen war. In Ausnahmefällen, beispielsweise 1701 der berüchtigte Pirat Captain Kidd, wurden Leichen jahrelang zur Abschreckung in einem Käfig ausgestellt.

Adresse 57 Wapping Wall, E1W 3SH | **ÖPNV** Wapping (East London Line) | **Öffnungszeiten** Mo–Do 12–23 Uhr, Fr, Sa 12–24 Uhr, So 12–22.30 Uhr | **Tipp** The Town of Ramsgate (62 Wapping High Street), auch mit einer schönen Terrasse am Ufer, rühmt sich ebenfalls als urigste Kneipe dieser Gegend. Hier führt die historische Treppe Wapping Old Stairs zum Themsestrand hinunter.

78 Quantum Cloud

Kunst am Strom unter einem weiten Himmel

Trotz seiner weitläufigen Parks ist London eine dicht bebaute Stadt. In der historischen City überschatten Hochhäuser die lärmerfüllten Straßen, in Westminster herrscht stets Menschengewimmel. Wer einen weiten Himmel und fernen Horizont sucht, kann mit der Jubilee Line von Westminster in nur 13 Minuten die Spitze der Halbinsel Greenwich erreichen. Hier ist die Themse breit, Möwen schreien, Wellen schwappen. Die Gezeiten legen Sandflächen frei, lassen sie dann wieder verschwinden. Keine Bauten versperren den Blick auf den Strom.

Nahe dem Bootsanleger erhebt sich eine lichte Skulptur, eine 30 Meter hohe »Wolke«, in deren Mitte der Umriss eines Menschen erkennbar ist. Gespräche mit einem Physiker inspirierten Antony Gormley zu diesem Werk, dessen Kunst sich mit der Beziehung des menschlichen Körpers zu Raum und Materie auseinandersetzt. Am Strand von Crosby bei Liverpool platzierte er 100 Abgüsse seines eigenen Körpers, die bei Ebbe aus den Wellen auftauchen. 2007 installierte er 31 Männerfiguren auf den Dächern von Bauten entlang Londons South Bank. Die »Quantum Cloud« konstruierte er aus gebogenen stählernen Stäben, die wie eine Wolke einen angedeuteten menschlichen Körper umgeben. Die Stäbe zeichnen den Umriss eines Tetraeders und wurden um den Körper in der Mitte per Zufallsgenerator positioniert.

Wer hier am Ufer steht, hat im Rücken einen Zeltkoloss: The O2, ursprünglich für eine Großausstellung im Jahr 2000 errichtet, jetzt eine Sport- und Konzerthalle. In North Greenwich ist vieles in Bewegung. Seit 2012 befördert eine Seilbahn Passagiere in 90 Meter Höhe zu den Royal Docks am Nordufer. Auf ehemaligen Industriebrachen entstehen Wohnungen. Es wird weniger ruhig werden in North Greenwich, aber das Gefühl der Weite bleibt. Nach Westen zieht der Themsepfad ins Landesinnere, nach Osten zeigt er den Weg zum Meer.

Adresse Themseufer nahe North Greenwich Pier, SE10 | ÖPNV North Greenwich (Jubilee Line) | Tipp Einige hundert Meter in Richtung Westen steht am Themseufer ein Kunstwerk mit dem Titel »A Slice of Reality«: Richard Wilson stellte einen Querschnitt aus der Mitte eines Frachtschiffs hin und überließ ihn der Flussströmung und den Wellen.

79 Das Queen-Mum-Denkmal

Ein Herz für Pferde und Corgis

Unter den königlichen Denkmälern Londons sticht eins aufgrund seiner lebensnahen Darstellung der Person hervor. Das »King George VI & Queen Elizabeth Memorial«, wie die Skulpturengruppe offiziell heißt, ist zwar teilweise recht konventionell – George VI. steht in der Uniform der königlichen Marine hoch auf einem Sockel, davor und etwas niedriger die Statue seiner Königin in feiner Kleidung mit einem breiten Hut mit Federschmuck. Doch an der Mauer dazwischen präsentieren zwei Reliefs liebevoll das Leben von »Queen Elizabeth, the Queen Mother« – im Volksmund hieß sie schon mal »Queen Mum«. Das Denkmal steht an der Prachtallee The Mall nahe Clarence House, ihrer Residenz von 1953 bis zu ihrem Tod.

Die 1900 geborene Tochter schottischer Adliger heiratete 1923 den zweiten Sohn von George V., der 1936 nach der Abdankung seines älteren Bruders König wurde. Breite Anerkennung fand Elizabeths Unterstützung für ihren scheuen Mann, der die ungewollte Bürde des Königsamtes trug und 1952 starb. Sie blieb 50 Jahre lang Witwe. Ein Relief zeigt rechts das Königspaar mit seinen Töchtern, auf der linken Seite Elizabeth im Gespräch mit ausgebombten Ost-Londonern während des Zweiten Weltkriegs. König und Königin erwarben damals Sympathien, indem sie eine sichere Evakuierung nach Kanada ablehnten. Als Bomben ihren Palast trafen, sagte Elizabeth: »Nun habe ich das Gefühl, dem East End ins Gesicht sehen zu können.«

Das andere Relief zeigt sie bei ihrer Lieblingsbeschäftigung: auf der Pferderennbahn. Rechts daneben sitzt sie zu Hause mit ihren Hunden der Corgi-Rasse. Am 4. August 2000 gab es zur Feier ihres 100. Geburtstags eine große Parade, im April 2002 säumten Millionen den Weg ihres Trauerzugs. Monarchiekritiker wiesen auf die Kosten ihrer extravaganten Lebensweise, aber dafür absolvierte sie bis zu ihrem Todesjahr viele öffentliche Auftritte und war im Volk stets beliebt.

Adresse The Mall, SW1Y 5DG – auf halber Strecke rechts auf dem Weg vom Trafalgar Square in Richtung Buckingham Palace | ÖPNV Green Park (Piccadilly, Victoria, Jubilee Line), St James's Park (District, Circle Line) | Tipp Jährlich im August öffnet Clarence House seine Pforte für Besucher, die eine fein möblierte, mit Kunstwerken bestückte Residenz und einen schönen Garten sehen möchten (www.rct.uk/visit).

80_Queen Square

Ein Platz für Eltern, Kinder und Königinnen

Wer ist sie, die Königin von Queen Square? Die Statue aus Blei in den Gärten der Platzmitte galt lange als Darstellung der Königin Anne (regierte 1702–1714). Der ab 1716 angelegte Platz wurde nach ihr benannt, doch das Denkmal zeigt wahrscheinlich Charlotte von Mecklenburg-Strelitz (1744–1818), die botanisch interessierte Gattin von König George III. Ihr zu Ehren erhielt die beliebte exotische Blume den Namen »Strelitzie«.

Obwohl sich Charlotte und George erst am Hochzeitstag kennenlernten, war die Ehe glücklich: Sie gebar 15 Kinder, er hatte nie eine Mätresse – Letzteres ein radikaler Bruch mit der Tradition. Der Arzt des in späteren Jahren geistig kranken König George wohnte am Queen Square. Als der Monarch eine Zeit lang bei seinem Arzt wohnte, soll Charlotte den Keller des Hauses Nummer 1 als Lagerraum für die Lieblingsspeisen ihres Ehemanns angemietet haben. Heute ist das Haus eine Kneipe: »The Queen's Larder« (Vorratskammer).

Ob Anne oder Charlotte, die Statue ist prächtig. Sie zeigt eine zierliche Person mit entschlossenem Blick und lockigen, schulterlangen Haaren, die eine Krone und ein kostbares Kleid mit tiefem Dekolleté, Blumenmuster und Quasten trägt. Die ausgestreckte rechte Hand hielt einst ein Zepter. Und noch eine Königin wird seit 1977 hier geehrt. Eine Blumenschale am anderen Ende des Gartens, davor und dahinter Bodenplatten mit schönen Vierzeilern der Dichter Philip Larkin und Ted Hughes, gedenken des silbernen Thronjubiläums von Königin Elizabeth II.

Aktueller als alle königlichen Denkmäler ist die moderne Plastik einer Mutter mit Säugling in der Mitte des Gartens, der seit 1999 öffentlich zugänglich ist – vor allem für junge Patienten und deren Eltern, die vom nahe gelegenen Kinderkrankenhaus in der Great Ormond Street kommen. Sie schätzen die Ruhe des kleinen Platzes mit seinen Rosenbeeten und Zierbäumen.

Adresse Stadtteil Bloomsbury, östlich von Russell Square, WC1N 3AQ | ÖPNV Russell Square (Piccadilly Line) | Öffnungszeiten Garten 7.30 Uhr bis zum Einbruch der Dunkelheit | Tipp Im Mary Ward Centre am südlichen Ende des Platzes befindet sich ein preiswertes vegetarisches Café (Mo–Fr 9.30–20 Uhr während des Uni-Semesters).

81 Richmond-on-Thames

Wo Londons Fluss ländlich wird

Die 1777 eröffnete Richmond Bridge, die älteste Themsebrücke im Londoner Stadtgebiet und mit ihren eleganten Steinbögen eine der schönsten, ist der Ausgangspunkt für wunderschöne Uferspaziergänge. In Richtung Innenstadt führt der Weg durch das historische Wildgehege Old Deer Park zum Königlichen Botanischen Garten in Kew. Südlich der Brücke ist die Themse an sonnigen Tagen die Kulisse für unbeschwertes Freizeitvergnügen: Kinder füttern die Enten und Schwäne, Radler und Spaziergänger finden eine breite Auswahl an Cafés und Pubs mit Gartenterrasse. Ruderboote werden vermietet, Ausflugsboote fahren stromaufwärts zum Hampton Court Palace und stromabwärts nach Westminster.

Obwohl die kleinstädtische Idylle einen Vorgeschmack auf die ländlichen Reize des Themsetals weiter westlich gibt und meilenweit vom Meer entfernt zu sein scheint, beeinflussen die Gezeiten diesen Abschnitt der Themse immer noch. Die Flut erreicht Richmond etwa 45 Minuten später als London Bridge und ist stromaufwärts noch einige Kilometer bis Teddington bemerkbar – fast 90 Flusskilometer von der Mündung der Themse!

Einen berühmten Blick auf das Tal bietet der Spaziergang entlang der Straße Richmond Hill, die zum gleichnamigen Hügel sanft ansteigt. Wer ein Haus mit Themseblick an dieser Straße sein Eigen nennt, kann sich glücklich schätzen – beispielsweise der Musiker Pete Townshend von The Who, dem The Wick (linke Seite, auf halber Höhe) gehört. Er kaufte es vom Rolling Stone Ronnie Wood. Das benachbarte Wick House wurde um 1770 für den Porträtmaler Sir Joshua Reynolds errichtet. Rechts schaut man auf die gepflegten Blumenbeete der am Hang angelegten Terrace Gardens und erreicht bald den höchsten Punkt von Richmond Hill. Reynolds und Turner malten den Blick in Richtung Windsor, der heute genauso beeindruckend ist wie damals: Wiesen, Bäume und die silbern glänzende Themse.

Adresse Richmond-on-Thames, TW9 | ÖPNV Richmond (District Line) | Tipp Das Café »Tide Tables« in den Bögen von Richmond Bridge mit Gartenterrasse ist eine gute Adresse. Bergauf geht es zu »The Roebuck« (130 Richmond Hill), einer traditionellen Kneipe mit Biergarten und einem grandiosen Blick.

82 Robbie Williams' Haus

Gestörte Harmonie unter Musikern

Die herrschaftlichen Villen an der Melbury Road in Kensington entstanden im 19. Jahrhundert als Künstlerkolonie. Zwei davon gehören heute Musikern. 2013 zahlte Robbie Williams 17,5 Millionen Pfund für das Woodland House (Nummer 31), ein Anwesen mit hohen Backsteinkaminen, weißen Balkongeländern und 47 Zimmern. Sein Nachbar, Led-Zeppelin-Gitarrist Jimmy Page, zog bereits 1972 in das Tower House (Nummer 29). Er bot damals mehr als der andere Interessent, ein gewisser David Bowie, und war mit Williams' Vorbesitzer, dem Filmregisseur Michael Winner (»Ein Mann sieht Rot«), befreundet. Die neuen Nachbarn sind sich aber gar nicht grün, seitdem Williams die Baugenehmigung für einen unterirdischen Anbau mit zwei Etagen und Neun-Meter-Pool beantragte.

Page sorgt sich um die Statik und die fragile Innengestaltung seines Domizils. Mit unsymmetrischer Fassade und einem runden Treppenturm ist es das ehemalige Wohnhaus eines renommierten Architekten und Designers der Neugotik, William Burges, der die Interieurs als »Verkaufsräume« konzipierte, um Klienten seine Künste vorzuführen. Buntglasfenster, Mosaiken, Wandmalereien und Holzschnitzereien verzieren das Tower House. Den »bedeutenden Innenräumen« verlieh die Denkmalbehörde die höchste Schutzstufe. Page versteht sich als Bewahrer eines Kleinods und spielt zu Hause nur akustische, niemals elektrische Gitarre, um Vibrationen zu vermeiden.

Über die Klatschspalten führten die Nachbarn einen Kleinkrieg. Williams äußerte sich im Radio abschätzig über Page. Das an die Stadtverwaltung adressierte Schreiben eines Anwohners warf Williams vor, Page bewusst zu ärgern, indem er die Musik von Rivalen aus seiner Ära, nämlich Black Sabbath, Pink Floyd und Deep Purple, bei voll aufgedrehtem Volumen auf das Nachbargelände richtete. Ende 2018 erhielt Williams die Bauerlaubnis, allerdings mit strengen Auflagen bezüglich Baulärm und Erschütterungen.

Adresse 31 Melbury Road, W14 8AB | **ÖPNV** High Street Kensington (District, Circle Line), 10 Minuten Fußweg westlich auf der High Street, dann rechts in die Melbury Road | **Tipp** Fast direkt um die Ecke kann man eine Künstlervilla von innen bewundern. Der Malerfürst Lord Leighton (1830–1896) wohnte und arbeitete in der Holland Park Road Nummer 12. Das in einem extravaganten maurischen Stil eingerichtete Haus ist ein Museum mit Mosaiken, islamischen Fliesen und Kunstwerken (Mi–Mo 10–17.30 Uhr, www.rbkc.gov.uk).

83 Die römische Stadtmauer

Londinium bleibt präsent

Auffällig im Stadtbild ist sie nicht, Londons historische Verteidigungsmauer, obwohl ihr Verlauf im Straßenplan durch Namen wie London Wall und Houndsditch (»Hundegraben«) bis heute erkennbar ist. Man kann lange durch die City laufen, ohne ihr zu begegnen, biegt dann um eine Ecke – und steht auf einmal vor einer hohen, verwitterten Mauer aus groben Steinen.

Keine Mauer schützte die erste römische Handelssiedlung. So konnte die keltische Stammesfürstin Boudica 60 nach Christus die Stadt niederbrennen. Wahrscheinlich um das Jahr 200 wurde die fünf Kilometer lange und sechs Meter hohe Mauer errichtet. 85.000 Tonnen Stein mussten auf Wasserwegen aus Kent transportiert werden. Von ihren sechs Toren verliefen Fernstraßen in alle Teile der Provinz Britannia. Mehr als 1.400 Jahre, durch Zeiten des Verfalls und Wiederaufbaus, bestand der Mauerring. Ein weiteres Tor sowie Türme, Zinnen und Wehrgänge kamen im Mittelalter hinzu, aber der römische Wall war stets die Grundlage der Stadtverteidigung. Die Tore wurden immer wieder erneuert und erst ab 1760 abgerissen, um Straßen zu verbreitern.

In der südöstlichen Ecke des ummauerten Gebiets, wo Wilhelm der Eroberer den Tower of London baute, steht noch ein beeindruckendes Teilstück. Das römische Mauerwerk ist hier 4,40 Meter hoch. Die obersten zwei Meter mit weniger regelmäßig gesetzten Steinen stammen aus dem Mittelalter. Eine Schale aus bearbeiteten Steinen, dazwischen Lagen aus roten Ziegeln zwecks Stabilität, umgab ursprünglich einen Mauerkern aus Bruchstein und Mörtel. In späteren Jahrhunderten bediente man sich gern für andere Bauprojekte, was zum heutigen rauen Aussehen der Mauer führte. Immerhin verschönert ein kleiner Garten mit der Kopie einer Statue des Kaisers Trajan das Bild. Weitere Teilstücke, hier und da mit Wassergraben, sind auf dem Barbican-Gelände und nahe dem Museum of London erhalten.

Adresse Tower Hill, EC3N 4AB | **ÖPNV** Tower Hill (Circle, District Line) | **Tipp** Die anschaulichen Ausstellungen des Museum of London, das an der Straße London Wall liegt, erwecken das römische Londinium zu neuem Leben (täglich 10–18 Uhr).

84 Die rollende Brücke

Spektakuläres vom Star-Designer

Die Entwickler des Neubaugebiets Merchant Square um das Kanalbecken am Bahnhof Paddington wollten neben den üblichen Büros, Wohnungen und Esslokalen Akzente setzen und für Gesprächsstoff sorgen. Die Rolling Bridge, eine Erfindung des Heatherwick Designstudios, setzte diesen Plan 2004 erfolgreich um. Thomas Heatherwick, ein 1970 geborener Londoner, hat mit originellen Entwürfen für die unterschiedlichsten Produkte und Bauwerke Aufsehen erregt. Dazu gehören der britische Pavillon für die Expo 2010 in Shanghai, dessen äußere Erscheinung an eine Pusteblume erinnerte, die neuen roten Doppeldeckerbusse in London sowie das geschwungene Dach über der Geschäftsmeile Coal Drops Yard in King's Cross.

Am Kanal in Paddington konzipierte das Heatherwick Studio eine bewegliche Brücke – doch keine herkömmliche Zieh- oder Drehbrücke. Sie rollt sich mittels hydraulischer Kraft – wie eine Raupe – zu einem Oktagon zusammen. Die zwölf Meter lange Konstruktion aus Stahl und Holz besteht aus acht dreieckigen Teilen, die sich im geöffneten Zustand aneinanderreihen und so einen Seitenarm des Kanals überbrücken. Auf Knopfdruck erhebt sich auf der einen Seite das Endstück der Brücke, beginnt sich einzurollen und strebt so der anderen Seite zu. Schließlich ruht das Ganze als Achteck in sich. Die zweimal wöchentliche Vorführung zieht ein bewunderndes Publikum an.

Auch die benachbarte, von Knight Architects entworfene Fan Bridge (Fächerbrücke) bewegt sich. Hier bilden fünf 20 Meter lange, parallel liegende Balken den Boden des Fußwegs. Auf einer Seite sind sie befestigt, auf der anderen steigen sie diagonal – nacheinander fächern sie sich auf, bis der oberste Balken im 80-Grad-Winkel zur Wasserfläche steht. Es ist nicht so, dass sich die beiden Brücken oft öffnen müssen, um Boote durchzulassen, denn Merchant Square liegt am Ende des Kanals. Es geht um das Spektakel!

Adresse Merchant Square, W2 1NW; nördlich der Praed Street, die den Hauptausgang vom Bahnhof Paddington mit der Edgware Road verbindet | ÖPNV Paddington, Edgware Road | Öffnungszeiten Vorführungen Mi, Fr 12 Uhr, Sa 14 Uhr, Infos unter www.merchantsquare.co.uk/bridges | Tipp Am Kanalbecken Merchant Square kann man kleine Motorboote mieten, um die schönen Wasserwege zum nahen »Little Venice« und zum Regent's Park zu erkunden (www.goboat.co.uk).

85_The Ropewalk

Kulinarisches in den Bahnbögen

Seit Jahren hat das ehemalige Industrie- und Arbeiterviertel Bermondsey Aufwind. Vorteilhaft für das Bild des Stadtteils ist es nicht, dass er seit 1839 von einem breiten Eisenbahnviadukt regelrecht zerschnitten ist, aber heute erweist sich die meilenlange Reihe der Bahnbögen aus Backstein auch als Segen: Hier findet ein angesagter Wochenendmarkt für Streetfood statt. Einige Gastronomen spalteten sich vom bekannteren Borough Market ab, um eine kleinere, feinere Veranstaltung zu gründen. Diese heißt offiziell Maltby Street Market, der Standort ist eine Gasse direkt an der Eisenbahn, die nach einer ehemaligen Seilerei den Namen The Ropewalk trägt. Entlang der Gasse reihen sich etwa 25 Stände aneinander. Gegenüber befinden sich Lokale in den Backsteinbögen.

Die Veranstalter achten auf Qualität und Vielfalt – nicht jede beliebige Frittenbude darf hier aufmachen. Die Küche von Äthiopien, Libanon und Marokko ist hier zu Hause. Auch Europa ist mit griechischen Imbissen und sizilianischen Arancini vertreten. Ein Renner aus Venezuela sind Arepas, hergestellt aus weißem Maismehl mit verschiedenen Füllungen. Auch die oft belächelte britische Küche zeigt hier ihre Stärken, zum Beispiel Rindersteaks in hervorragender Qualität und Austern aus Maldon an der Ostküste. Des Weiteren gibt es veredelte Versionen von zwei deftigen Traditionsgerichten: Porridge, den wärmenden schottischen Haferbrei, und Scotch Eggs – gekochte Eier in Wurstbrät, einst ein einfacher Kneipenimbiss, heute bei »Foodies« in Mode.

Wer vegan, gluten- oder laktosefrei essen will und Gemüsesäfte trinkt, kommt voll auf seine Kosten, aber auch ungesunde kleine Sünden sind möglich – Waffeln oder Brownies und trendige alkoholische Getränke. Craft Beer und Cider (Apfelwein) kommen von Mikrobrauereien vor Ort, Cocktails bietet die Gindestillerie »Little Bird«, und die spanische Bodega Tozino serviert Jamón zum guten Wein.

Adresse Ropewalk, zwischen Maltby Street und Millstream Road, SE1 3PA, www.maltby.st | **ÖPNV** Bahn und U-Bahn London Bridge, dann parallel zu den Gleisen auf St Thomas Street, Crucifix Lane, Druid Street bis zur Tanner Street, dort rechts durch die Unterführung zur Maltby Street | **Öffnungszeiten** Sa 10–17 Uhr, So 11–16 Uhr | **Tipp** Kaum mehr als fünf Fußminuten entfernt liegt eine angesehene Galerie für zeitgenössische Kunst, die White Cube Gallery (144 Bermondsey Street, von der Maltby Street über die Tanner Street erreichbar, www.whitecube.com).

86 The Royal Arcade

Königliche Empfehlung fördert den Umsatz

Als 1879 eine Passage zwischen Bond Street und Albemarle Street im noblen Stadtteil Mayfair unter dem Namen »The Arcade« ihre Pforten öffnete, war der Wunsch nach einem wettergeschützten Einkaufserlebnis nicht neu. Fast 100 Jahre zuvor schmückte sich Paris mit überdachten Passagen, und der Londoner Regen rief Nachahmer auf den Plan. Die älteste ist die herrliche, heute vernachlässigte Royal Opera Arcade am Haymarket von 1816. Drei Jahre später folgte die berühmte Burlington Arcade am Piccadilly, der südlichen Begrenzung von Mayfair. Heute reihen sich entlang der Bond Street Boutiquen der edelsten Modemarken aneinander und sorgen dafür, dass diese Gegend weiterhin alles bietet, was der gut betuchte Kundenkreis für unerlässlich hält.

Zur Zeit der Eröffnung trug The Arcade noch nicht das Prädikat »royal«. Ihre klassizistischen Prunkfassaden begrüßen Shopper mit Stuckverzierung und barbusigen Frauenfiguren, darunter antike Szenen mit leicht geschürzten Göttinnen. Die Hausfarben Weiß, Orange und Apricot heben alle Details hervor. Innen präsentiert sich eine Rundbogenperspektive, große Laternen hängen unter dem Glasdach, und dunkles Holz rahmt großflächige Schaufenster. Nicht jedoch die Architektur, sondern ein Hemdenschneider, der den Hof der Königin Victoria belieferte, bescherte dieser Passage den Beinamen »royal«.

Heute ist das Produktsortiment mit erlesenen Düften einer exklusiven Parfümerie, maßgefertigten Schuhen, Kunst und Tafelsilber so fein wie eh und je – und es versteht sich von selbst, dass ein mit dem begehrten »Royal Warrant« zertifizierter Hoflieferant immer noch dabei ist: der Chocolatier Charbonnel et Walker, Hersteller einer sagenhaft guten Trinkschokolade. Ob die Palastbewohner Pralinen für Staatsgäste und Fernsehabende bestellen oder eine wärmende Tasse Kakao als Schlaftrunk bevorzugen, bleibt Betriebsgeheimnis.

Adresse 28 Old Bond Street, W1S 4SL | ÖPNV Green Park (Jubilee, Piccadilly, Victoria Line) | Tipp Die Besucherattraktion »Handel & Hendrix in London« (25 Brook Street, Mo–Sa 11–18 Uhr, www.handelhendrix.org) im Wohnhaus des Komponisten Georg Friedrich Händel zeigt, dass es in Mayfair nicht nur um Luxus geht. 200 Jahre nach Händel wohnte Jimi Hendrix im Nebenhaus, hier werden beide vereint.

87 Shad Thames

Schickes Wohnen in Dickens' Elendsviertel

Einige Romane von Charles Dickens beschreiben eindringlich die Zustände in Londons Armenvierteln im 19. Jahrhundert. Den Abschnitt des südlichen Themseufers östlich der (damals noch nicht gebauten) Tower Bridge kannte Dickens von Besuchen, die er in Begleitung der Wasserschutzpolizei unternahm. In »Oliver Twist« beschrieb er die Gegend um die schlammige Einbuchtung St Saviour's Dock als »ein Labyrinth schmaler, enger und schmutziger Straßen …; vor den Trödlerbuden hängen die schmierigsten Lumpen, und Arbeiter der niedrigsten Klasse, Lastträger, Kohlenfuhrleute, dann frech dreinblickende Dirnen und zerlumpte Kinder, kurz, der Auswurf des Themseufers drängt sich hier zusammen.«

Seitdem wandelte sich das Bild zweimal. An der Straße Shad Thames, die sich parallel zum Fluss bis St Saviour's Dock zieht, wohnen gut betuchte Menschen in umgebauten Lagerhäusern und schicken Neubauten mit Wasserblick. Viele verdienen ihr Geld im Finanzviertel, das über die Tower Bridge schnell erreicht ist, und haben in hochpreisigen Bars und Restaurants am Ufer Gelegenheit, es wieder auszugeben. 1873, drei Jahre nach Dickens' Tod, entstanden dort die riesigen Lagerhäuser für Tee, Kaffee, Gewürze und Getreide. Nachdem das letzte 1972 den Betrieb einstellte, begann ab den 1980er Jahren die Luxussanierung. Die Stege, die hoch über Shad Thames einst als Verbindung zwischen Lagerräumen beiderseits der Straße dienten, sind jetzt Balkone teurer Eigentumswohnungen. Die Namen der Wohnanlagen – Vanilla Court, Cayenne Court, Tea Trade Wharf – erinnern an die frühere Nutzung.

Auch am St Saviour's Dock, wo der unterirdische Fluss Neckinger in die Themse mündet, wurden die Lagerhäuser zu Lofts umgebaut, und 2008 säuberte eine Umweltinitiative den engen Wasserweg, wo Dickens den dramatischen Tod seines Bösewichts Bill Sikes inszenierte und dessen bissige Bulldogge im stinkenden Schlamm verenden ließ.

Adresse Südufer der Themse östlich der Tower Bridge, SE1 2YD | ÖPNV Tower Hill (Circle, District Line) | Tipp Das von Zandra Rhodes gegründete Modemuseum ist ganz in der Nähe: Fashion and Textile Museum, 83 Bermondsey Street, Di–Sa 11–18, So 11–17 Uhr.

88 Shoreditch Street Art

Legal oder illegal, subversiv oder arriviert

Der Aufstieg von Shoreditch zu einem hippen Stadtteil begann in den 1980ern, als Künstler ihre Ateliers in Lagerhäusern etablierten. Coole Bars und angesagte Nachtclubs folgten. Um die Old Street gruppierten sich junge Unternehmen aus der IT-Branche. Nach dem Jahr 2000 zogen viele Künstler weiter östlich, weil die Mieten stiegen. Jetzt erscheinen glänzende Neubauten hier und da. Trotzdem bleibt Shoreditch ein unkonventionelles Viertel zwischen den Welten, der Standort von Galerien, schrägen Designläden und einer spannenden Street-Art-Szene.

In Seitenstraßen der Shoreditch High Street hinterlassen Künstler aus aller Welt ihre Spuren. Alle verfügbaren Flächen werden beklebt, freihändig bemalt, mit Schablonen besprayt, mit Plastiken geschmückt. International bekannte Street Artists waren hier: Banksy, Space Invader oder Roa, der überdimensionierte Tiere – in Shoreditch einen vier Stockwerke hohen Kranich – malte. Manche Künstler arbeiten mit Erlaubnis des Hauseigentümers, andere illegal. Manche lernten an der Kunstakademie und werden von Galerien gesponsert, die auf Ausstellungen aufmerksam machen wollen. Andere kamen aus der Graffitiszene und arbeiten grundsätzlich nicht kommerziell. Der eine Sprayer bekommt einen lukrativen Auftrag, der andere eine Haftstrafe.

Dieser phantasievolle Kosmos von humorvollen, politischen und poetischen Werken erneuert sich ständig. Es passiert, dass ein Werk nach zwei Wochen von Graffiti verunstaltet, dann übermalt wird. Dagegen können Bilder anerkannter Künstler lange unangetastet bleiben und nach Angriffen sogar von Unterstützern repariert werden. Das Bild rechts von zwei Schreihälsen – ein islamistischer Hassprediger neben dem Vertreter einer ultrarechten Anti-Immigrations-Partei – ist bereits verschwunden. Wenn Shoreditch irgendwann nur noch schick ist, verschwinden diese Werke, und ein anderer Stadtteil ist an der Reihe.

Adresse zwischen Shoreditch High Street und Brick Lane, E1 | ÖPNV Liverpool Street (Central, Circle, Hammersmith & City, Metropolitan Line) | Tipp Zur Stärkung nach einem Bummel durch Shoreditch gibt es ausgezeichnete Fish & Chips bei Poppies (6–8 Hanbury St., Mo–Do 11–23, Fr–Sa 11–23.30, So 11–22.30 Uhr).

89 Shri Swaminarayan Mandir

Der Hindu-Tempel ist für alle offen

Ausgerechnet in Neasden, einem tristen Stadtteil im Nordwesten Londons, der als Inbegriff eines gesichtslosen Vororts verspottet wird, erhebt sich eine strahlend weiße, märchenhafte Erscheinung über die geduckten Häuserreihen. Günstiges Bauland fand die Swaminarayan-Sekte hier – und sparte sonst an nichts. In dreijähriger Bauzeit bis 1995 errichteten Freiwillige unter fachlicher Anleitung einen 60 Meter langen Tempel mit Kuppeln und Türmen unter Verwendung von Kalkstein aus Bulgarien und 1.200 Tonnen Carrara-Marmor. Der Stein wurde in Indien von 1.400 in der hinduistischen Götterwelt versierten Bildhauern bearbeitet und schließlich nach London verschifft.

Das Ergebnis ist atemberaubend. Filigrane Verzierungen überziehen jede Fläche. Am Hauptportal grüßen steinerne Tänzerinnen zwischen Säulen und Balken, die über und über mit tief eingeschnittenen Mustern dekoriert sind. Die Innengestaltung ist fast noch aufwendiger als das Äußere. Von Eingangsräumen mit Holzschnitzereien geht es hinauf in die Große Halle, wo täglich um 11.45 Uhr eine »arti«-Zeremonie im lichtdurchfluteten Kuppelraum zwischen Marmorsäulen und Darstellungen der Hindu-Götter stattfindet.

Besucher, die ihre Schuhe ausziehen und dezente Kleidung tragen müssen, besichtigen eine Ausstellung über den Hinduismus und werden mit großer Herzlichkeit zur Zeremonie eingeladen. Zu lebhaften Trommel- und Glockenklängen bewegen sich Mönche mit brennenden Kerzen in den Händen vor bunt gekleideten Götterfiguren.

Anschließend halten Gemeindemitglieder ihre Hände an die Kerzen und verteilen die göttliche Kraft der Flamme über ihre Köpfe. Danach darf man auf den Balkon hinaustreten, um die Skulpturen zu bewundern. Der Besuch ist ein erhebendes Erlebnis in einem Stadtteil, wo man dies am wenigsten erwartet.

Adresse 105–119 Brentfield Road, Neasden, NW10 8LD | ÖPNV Stonebridge Park (Bakerloo Line), dann 15 Minuten Fußweg (ausgeschildert) | Öffnungszeiten Mo–So 9–18 Uhr, für Zeiten der Zeremonien siehe https://londonmandir.baps.org | Tipp Neben dem Parkplatz gegenüber dem Tempel serviert das vegetarische Restaurant Shayona hervorragende indische Küche zu humanen Preisen (Mo–Fr 12–22, Sa, So 11–22 Uhr).

90_Das Skalpell

Video abspielen!

Wer am südlichen Themse-Ufer in der Nähe der Tower Bridge steht und die Kamera auf die Wolkenkratzer des gegenüberliegenden Finanzviertels richtet, kann nachher bei einer schnellen Sichtung der Bilder eine Überraschung erleben. Ach, habe ich versehentlich ein Video gedreht? Mitten auf dem Bild erscheint nämlich das dreieckige Symbol für »Video abspielen«. Aber nein, es handelt sich um eine optische Täuschung: Da glänzt in der Sonne die oberste Fläche eines eckigen Turms und bildet je nach Blickwinkel die Form eines gleichschenkligen Dreiecks.

Aufgrund seiner scharfkantigen Erscheinung wurde dieses auffällige Objekt »The Scalpel« (»Skalpell«) getauft. »London schärfstes Wahrzeichen«, sagt das Gebäudemarketing dazu. Die Betreiber von The Shard (»Die Scherbe«) mögen anderer Meinung sein, ähnelt doch ihr 310 Meter hoher Turm noch mehr einem Glassplitter als The Scalpel, das es mit seinen 38 Etagen auf bescheidene 190 Meter bringt. Es ist das Werk des US-amerikanischen Architektenbüros Kohn Pedersen Fox, das hohe Türme rund um die Welt entwarf. Der Klient, der Versicherungskonzern Berkley, siedelte in einem Teil der Bürofläche seine europäische Hauptverwaltung an. Wie die Türme der Finanzbranche in der City of London seit Anfang des Jahrhunderts in die Höhe schossen, so wuchs auch der Spaß an der Namensgebung. Es fing 2004 mit dem runden »Gherkin« (»Gurke«; offiziell: St Mary Axe) an. Zehn Jahre später entstand der »Cheesegrater« (»Käsereibe«, weil die Vorderseite abgeschrägt ist, die Rückseite gerade; offiziell: The Leadenhall Building), kurz danach das kontroverse »Walkie-Talkie« (amtlich: 20 Fenchurch Street), das sich nach oben verbreitert und folglich wie ein unförmiges Funksprechgerät aussieht. Einem geplanten Tulip Tower mit Spitze in Blütenform wurde die Baugenehmigung verweigert, und es ist fraglich, ob weitere Formen und Wortschöpfungen hinzukommen, denn der Trend zum Homeoffice nach der Corona-Pandemie könnte den Bauboom bremsen.

Adresse 52 Lime Street / Ecke Leadenhall Street, EC3M 7AW, www.thescalpelec3.co.uk | ÖPNV U-Bahn Bank, dann über Cornhill und Leadenhall Street; oder U-Bahn Monument und über Gracechurch Street bis Leadenhall Street | Tipp Kohn Pedersen Fox entwarf auch 110 Bishopsgate, wo das Restaurant Sushi Samba in den Etagen 38 und 39 einen atemberaubenden Ausblick bietet (www.sushisamba.com, Tel. 0203/3407330).

91 Spencer House

Altes Geld, sicherer Geschmack

»Altbau in bester Lage, acht Empfangsräume (renovierungsbedürftig), Blick auf Green Park«. Nein, nicht mittels Kleinanzeige verpachtete der achte Graf Spencer 1985 das Haus nahe Buckingham Palace für die Dauer von 120 Jahren an die Investmentfirma von Lord Jacob Rothschild. Seit 1926 wohnten die Spencers nicht mehr in ihrem Londoner Sitz, sondern vermieteten ihn als Büroraum. 1942 wurden Möbel und Marmorkamine aus Angst vor Kriegsschäden ausgeräumt beziehungsweise ausgebaut und im Landsitz installiert. Die Rothschild-Firma stellte die Staatsräume durch eine vorbildliche und atemberaubend kostspielige Restaurierung wieder her. Der erste Graf ließ Spencer House ab 1756 von dem Architek ten John Vardy im palladianischen Stil mit einer Fassade zum Green Park hin errichten. Die Pracht von Vardys Interieurs im Erdgeschoss steigert sich von der Bibliothek über den Speisesaal mit Parkblick zum extravaganten Palm Room, wo vergoldete Säulen in Form von Palmen einen Kuppelraum mit dem Bildnis der Venus de' Medici rahmen. Der Höhepunkt im Obergeschoss, das James »Athenian« Stuart nach antiken Vorbildern gestaltete, ist der Painted Room mit Malereien zum Thema Liebe für den glücklich verheirateten jungen Grafen.

Bei der Restaurierung fertigte man Kopien von geschnitzten Türrahmen und Fußleisten sowie von sechs Marmorkaminen (jeweils bis zu 10.000 Arbeitsstunden) an und brachte mit 40.000 Stück Blattgold den Palm Room zu neuem Glanz. Leihgaben – Bilder aus der königlichen Sammlung, Möbel aus Museen – ermöglichten die Wiederherstellung gemäß dem Originalzustand großartiger Interieurs, wie sie in London sonst nicht zu sehen sind. Die Leihgeber schrieben vor, dass das Haus sonntags dem Publikum geöffnet wird. An anderen Tagen übernehmen finanzstarke Mieter – während der Sommerspiele 2012 war es das Internationale Olympische Komitee – Londons feinste Eventlocation.

Adresse 27 St James's Place, SW1A 1NR | ÖPNV Green Park (Jubilee, Piccadilly, Victoria Line) | Öffnungszeiten sonntags außer Aug., unter www.spencerhouse.co.uk buchen | Tipp Die Tochter des achten Grafen Spencer war Diana, Prinzessin von Wales. Auch die nahe gelegene Residenz ihrer Schwiegereltern kann von Ende Juli bis September besichtigt werden: Buckingham Palace, täglich ab 9.30 Uhr, letzter Einlass Aug. 17.15, Sept. 16.15 Uhr.

92 St Anne's Church, Soho

Grabstätte des deutschen Königs von Korsika

Von der Wardour Street führen einige Stufen zum Garten am Kirchturm von St Anne's hoch. Der Kirchhof liegt gut zwei Meter höher als die Straße, weil in den 150 Jahren bis zur Schließung des Friedhofs 1853 geschätzte 60.000 Menschen in dieser Erde begraben wurden – 60.000 Lebensgeschichten, keine davon wohl kurioser als die des hier bestatteten Theodor von Neuhoff.

Der 1694 geborene Spross eines westfälischen Adelsgeschlechts diente dem spanischen und dem schwedischen König als Agent, gewann in Paris ein Vermögen durch Spekulation, musste aber zweimal wegen Spielschulden aus der Stadt fliehen und wurde 1736 Anführer einer bunten Truppe korsischer Separatisten, die ihre Insel von der genuesischen Herrschaft befreien wollten. Sie kürten ihn zum König, aber eine geplante Invasion scheiterte. Nach weiteren Abenteuern landete er 1755 in London im Schuldnergefängnis, kam frei – angeblich dadurch, dass er sein Königreich den Gläubigern überließ – und lebte von der Unterstützung prominenter Personen. Einer davon, der Literat Horace Walpole, verfasste nach Neuhoffs Tod 1756 einen fünfzeiligen Nachruf, der als Inschrift am Turm von St Anne's angebracht ist.

Von der 1686 geweihten Kirche stand nach einem deutschen Bombenangriff im September 1940 nur noch dieser Turm, dessen merkwürdigen Abschluss ein Architekturhistoriker als »zwei gekreuzte Bierfässer« beschrieb. An Tagen der offenen Tür können Besucher zur Glocke aus der Gründungszeit und zum Mechanismus der Kirchturmuhr hinaufklettern. Der Kirchhof ist eine wertvolle Grünanlage mit Sitzbänken im hektischen Soho. In einer modernen Kapelle in der Parallelstraße Dean Street besteht die St Anne's-Pfarrei weiter und verrichtet Seelsorgearbeit unter Obdachlosen und Drogenabhängigen. Der ehemalige südliche Kircheneingang an der Shaftesbury Avenue wurde zweckentfremdet und dient jetzt als Souvenirladen.

Adresse Wardour Street nahe Shaftesbury Avenue, W1D 6HT | **ÖPNV** Leicester Square (Piccadilly, Northern Line) | **Öffnungszeiten** Garten Mo–So 10 Uhr bis zum Einbruch der Dunkelheit | **Tipp** Heute ist Soho eher von Genuss als von Armut geprägt. Unter zahllosen Restaurants ist das von Starkoch Yotam Ottolenghi geführte Nopi (21 Warwick St., www.ottolenghi.co.uk) zu empfehlen.

93__St Bartholomew

Die Kirche des Hofnarren, heute eine Filmkulisse

Die 900 Jahre alte Kirche St Bartholomew-the-Great trägt deutliche Spuren einer wechselvollen Vergangenheit. Rahere, der ehemalige Hofnarr von König Henry I., gründete die Kirche 1123 als Augustinerstift und wurde dessen erster Prior. Er baute das Kloster außerhalb der Stadtmauer neben der offenen Fläche Smithfield, wo später der schottische Nationalheld William Wallace hingerichtet wurde und im 16. Jahrhundert Protestanten auf dem Scheiterhaufen starben.

Die vorhandene Kirche, ein in London seltenes Beispiel des romanischen Stils, ist nur noch der Ostteil von Raheres Bau, denn bei der Auflösung der Klöster wurde das Hauptschiff ab 1539 abgerissen und die Fläche zum Kirchhof umfunktioniert. Nur das westliche, später mit einem Fachwerkhaus überbaute Seitenportal blieb davon erhalten und dient heute als Torbau. Der Große Stadtbrand 1666 verschonte »St Barts«. Eine umfassende Restaurierung im 19. Jahrhundert entfernte Anbauten und zielte auf die Wiederherstellung des alten Zustands, aber von den Klosterbauten steht nur ein Flügel des Kreuzgangs. Im Inneren der Kirche zeigt das Grab von Rahere an der Nordseite des Chorraums den Gründer im Augustinergewand. Eng gestaffelte Rundbogenreihen und starke Helligkeitskontraste bilden einen eindrucksvollen Raum. Licht strömt durch die Obergadenfenster aus klarem Glas, während die Seitenschiffe wie düstere Tunnel wirken. Sonntags, wenn nach der Messe Weihrauch unter der Decke wabert, ist der Chorraum besonders stimmungsvoll. Kein Wunder, dass Regisseure hier gern Filme drehen – beispielsweise »Vier Hochzeiten und ein Todesfall«, »Shakespeare in Love« und »Sherlock Holmes«. Bei so einprägsamer Stimmung ist es fast überflüssig zu erwähnen, dass ein Gespenst durch die Kirche wandelt – ein Mönch auf der Suche nach einer verlorenen Sandale. Und nachts soll der Geruch von brennendem Menschenfleisch von der Stelle des Scheiterhaufens herüberwehen.

Adresse Cloth Market, EC1A 9DS | ÖPNV St Paul's (Central Line) | Öffnungszeiten Mo–Fr 8.30–17 (Nov.–Feb. bis 16) Uhr, Sa 10.30–16 Uhr, So 8.30–20 Uhr | Tipp Der Fleischmarkt Smithfield ist der einzige verbliebene historische Großmarkt in der Stadtmitte. Die beste Zeit für einen Besuch ist morgens früh, aber auch zu anderen Zeiten ist die herrliche Marktarchitektur von 1868 sehenswert.

94 St Bride's

Ein Turm wie eine Torte, eine Krypta zum Schaudern

Es heißt, der grazile Turm der Kirche St Bride's stand Pate für mehrstöckige englische Hochzeitstorten. Beim genauen Hinschauen kommt Skepsis auf, denn der 71 Meter hohe Turm besteht aus einem quadratischen Unterbau, fünf achteckigen Geschossen und einem steinernen Obelisken. Selbst wenn ein Konditor es schaffte, diese schlanke Form nachzubauen, wäre das Verhältnis von Zuckerguss zu Teig extrem ungünstig.

St Bride's gehört zu den meistbewunderten Werken des Baumeisters Sir Christopher Wren. Der prächtige Innenraum musste wiederhergestellt werden, nachdem im Dezember 1940 Brandbomben nur noch die Außenmauern und den Turm übrig ließen. Die Restaurierung mit meisterhaften Holzschnitzereien am Altar und Chorgestühl, vergoldeten Rosetten und Marmorfußboden wurde von Zeitungsdynastien unterstützt, denn St Bride's liegt an der »Tintenstraße« Fleet Street. Die Verbindung zur Presse besteht seit 500 Jahren: Einer der ersten Londoner Drucker, Wynkyn de Worde, arbeitete ab 1500 neben der Kirche und wurde in St Bride's begraben.

Wrens 1675 geweihte Kirche hatte sechs Vorgänger. Der erste wurde laut Überlieferung im 6. Jahrhundert von der irischen Heiligen St Bride persönlich gegründet. Vor dieser Zeit stand ein römisches Wohnhaus an der Stelle. 1210 tagte das Parlament in der Kirche. Der Chronist Samuel Pepys wurde hier getauft, und der Dichter John Milton gehörte zur Gemeinde. Spuren aller Epochen sind in der Krypta zu sehen. Ausgrabungen brachten vergessene Grüfte zutage, darunter ein mit 300 Skeletten bis zur Decke vollgestopftes Beinhaus und ein weiteres, in dem Knochen und Schädel im Schachbrettmuster angeordnet lagen. Zur Ausstellung in der Krypta gehört ein patentierter Eisensarg, der Leichendiebstahl verhindern sollte: Bis 1832 war der Henker die einzige legale Quelle für medizinische Sezierübungen, und so entstand ein gruseliger Handel mit gestohlenen Leichen.

Adresse Fleet Street, nahe Ludgate Circus, EC4Y 8AU | ÖPNV Blackfriars (Circle, District Line) | Öffnungszeiten Mo–Fr 8–18 Uhr, Sa 10–15.30 Uhr, So 10–18.30 Uhr; Führungen zweimal monatlich Di um 15 Uhr | Tipp Ein hervorragender, aus zwölf professionellen Sängern bestehender Chor singt jeden Sonntag zweimal (Infos zum Programm unter www.stbrides.com).

95 St Helen's Bishopsgate

Die christliche Botschaft im Finanzviertel

Die tägliche Arbeit im Finanzviertel »kann Christen, die für Jesus leben möchten, vor Herausforderungen stellen« – so übt sich die Internetseite der Kirche in Understatement. Im Schatten der Bankentürme erscheint St Helen's Bishopsgate, wo Büroangestellte sich zu Bibelgruppen und Mittagsrunden treffen, äußerlich gedrungen und architektonisch bescheiden. Umso überraschender ist die Wirkung des lichten, großzügig dimensionierten Innenraums. St Helen's besitzt zwei Hauptschiffe, weil die Kirche eines Nonnenklosters 1210 an eine ältere Pfarrkirche angebaut wurde. Nach der Auflösung des Klosters 1538 verschwanden die trennenden Schranken, und seit der Zerstörung der dunklen viktorianischen Buntglasfenster durch Bombenanschläge irischer Republikaner 1992 und 1993 ist der zweigeteilte Raum heller als zuvor.

Es lohnt, sich für das Innere des Gotteshauses Zeit zu nehmen, denn St Helen's steht seit mehr als 800 Jahren im Mittelpunkt einer Gemeinschaft reicher Kaufleute, die durch die Verschönerung der Kirche etwas für ihr Seelenheil und ihren Familiennamen tun wollten. Ein Urvater der Londoner Finanzwelt hat ein prächtiges Grab in der Nordostecke: Sir Thomas Gresham (1519–1579), Gründer der Londoner Börse. Noch imposanter ist das Grab im Renaissancestil von Sir William Pickering, dem englischen Botschafter in Spanien († 1574). Von einem Eisengitter und Marmorsäulen umrahmt, liegt er in feiner Kleidung mit Rüstung am Oberkörper, Rüschenmanschetten um die betenden Hände und einer wie aufgepumpt wirkenden Rollhose.

Weil St Helen's nicht nur ein Denkmal, sondern Treffpunkt für Christen ist, steht zwischen den Prunkgräbern alltägliches Mobiliar: schlichte Stühle, karierte Tischdecken, Kleiderständer. Damit das Zweckmäßige nicht noch mehr stört, malte man den vorgeschriebenen Hinweis »Fire Exit« in schönen goldenen Buchstaben an die geschnitzten Holztüren.

Adresse Great St Helen's, EC3A 6AT | ÖPNV Liverpool Street (Central, Circle, Hammersmith & City, Metropolitan Line) | Öffnungszeiten Mo–Fr 9.30–12.30 Uhr, meist auch Mo, Mi, Fr nachmittags | Tipp Im Restaurant Duck and Waffle (110 Bishopsgate, Tel. 020/36407310) schaut man von der 40. Etage des 202 Meter hohen Heron Tower auf Banken und Kirchen hinunter. Die Preise sind für diese Lage annehmbar.

96__St John's Lodge Garden

Ein abgeschiedener Blumengarten im Regent's Park

Mitten in einem der weitläufigsten Parks von London befindet sich ein verzauberter Garten mit einem überraschend intimen Charakter. Er gehörte ursprünglich zu einer imposanten Residenz, der 1819 erbauten St John's Lodge, der ersten von mehr als 50 Villen, die Regent's Park zum feinsten Wohnviertel Londons machen sollten. Das Vorhaben war Teil eines groß angelegten Projekts des Architekten John Nash, der gleichzeitig den Prozessionsweg Regent Street schuf, um den Palast des Prinzregenten an der Pall Mall mit Regent's Park zu verbinden. Rund um den Park mit See, Bäumen und weiten Rasenflächen ließ Nash die herrschaftlichen Häuserreihen bauen, die heute noch zu sehen sind, aber nur zwei der geplanten Villen wurden vollendet.

Nach mehrfachem Besitzerwechsel (die kuwaitische Herrscherfamilie ist heute der Eigentümer) kam St John's Lodge 1888 zum Marquis von Bute, der sich einen »für Meditation geeigneten« Garten wünschte. Dieser abgeschirmte Privatgarten wurde 40 Jahre später Teil des öffentlichen Parks. Vom Nordosten der kreisförmigen Straße Inner Circle führt rechts hinter einem diskreten Tor ein von Eibenhecken gesäumter Weg zum Garten.

Akkurat geschnittene Hecken und dichte Sträucher teilen ihn in mehrere Räume auf. In Beeten gedeihen prächtige, farblich abgestimmte Blumen – für die Farbskala Rosa bis Lila beispielsweise sorgen Rosen, Glockenblumen, Lupinen und Storchschnabel. Die geometrisch angelegten Gartenräume geben hier und da einen Blick auf die Lodge frei. Mit Kletterpflanzen bewachsene Lauben spenden Schatten, formschöne Sitzbänke laden zu einem vergnügten Nachmittag mit einem Roman ein, und Kunstwerke regen im Sinne des Marquis zum Nachdenken an. Die Plastik am kreisrunden Teich zeigt den Jüngling Hylas, den Wassernixen ins Wasser ziehen. Laut der Sage tauchte Hylas nie wieder auf – und in diesem verwunschenen Garten möchte man auch ewig bleiben.

Adresse Inner Circle, Regent's Park, NW8 | **ÖPNV** Regent's Park (Bakerloo Line) | **Öffnungszeiten** Mo–So 7 Uhr bis zum Einbruch der Dunkelheit | **Tipp** Das Regent's Bar & Kitchen innerhalb des Inner Circle neben dem herrlichen Queen Mary's Garden serviert Kaffee, Nachmittagstee und leichte Gerichte (täglich 8–17 Uhr).

97 St Pancras Station

Bierfässer und ein Wunder der Ingenieurskunst

Eine Meisterleistung des Viktorianischen Zeitalters und gleichzeitig ein ästhetisches Aha-Erlebnis begrüßt Passagiere, die mit den schnellen Eurostar-Zügen aus Brüssel und Paris im Bahnhof St Pancras ankommen. Die goldene Ära des Eisenbahnbaus in Großbritannien näherte sich bereits ihrem Ende, als St Pancras Station 1868 den Betrieb aufnahm. So konnte der Ingenieur William Henry Barlow von den Erfahrungen seiner Vorgänger profitieren. Fuhren im benachbarten King's Cross Station die Züge in zwei parallel stehende Hallen mit einer Breite von je 32 Metern, konzipierte Barlow ein einziges Dach mit 74,8 Meter Spannbreite, ein neuer Rekord, der erst 20 Jahre später übertroffen wurde. Barlows innovative Konstruktion mit 25 eisernen Spitzbögen und unter den Gleisen versteckten Querträgern erlaubte eine lichte Höhe von 32 Metern, ohne die klaren Linien des Dachs durch ein umfangreiches Strebennetz zu verdecken.

Etwas weiter nördlich liegt der Regent's Canal, den Barlow entweder überbrücken oder untertunneln musste. Weil damalige Lokomotiven die Steigung vom Tunnel zum Bahnhof nur mit Mühe schafften, entschied er sich für die erste Lösung. Dies bedingte, dass die Gleise deutlich über dem Straßenniveau erhöht sind. Den Raum unter den Gleisen nutzte die Eisenbahngesellschaft als Lager für 100.000 Bierfässer, die sie aus der mittelenglischen Stadt Burton-on-Trent zu trockenen Kehlen in London beförderte. Der Abstand zwischen den 800 gusseisernen Säulen unter den Gleisen ergibt sich aus der Größe eines 160-Liter-Fasses. Die großen Dachträger stehen im doppelten Abstand zueinander. Somit basiert dieser atemberaubend schöne Raum auf der vervielfachten Breite eines Bierfasses.

Die Restaurierung und Umgestaltung des Bahnhofs für die Neueröffnung 2007 ließ die Architektur wieder erstrahlen und Licht durch das Dach hineinfluten. Das Fasslager dient jetzt als Ankunftshalle.

Adresse Euston Road, N1C 4QL | **ÖPNV** King's Cross-St Pancras (Circle, Hammersmith & City, Metropolitan, Northern, Victoria Line) | **Tipp** Das Bahnhofshotel ist ein Spitzenwerk viktorianischer Neugotik des Architekten George Gilbert Scott. Das Restaurant in der ehemaligen Schalterhalle vermittelt einen Eindruck der kostbaren Innenausstattung.

98__Three Mills Island

Mahlen mit der Kraft der Gezeiten

Im Tal des River Lee zwischen der Themse und dem Gelände der Olympischen Sommerspiele 2012 standen bis vor wenigen Jahren hässliche Reste der chemischen Industrie. Durch die Sanierung und Begrünung dieses Gebiets und der dortigen Wasserwege kommt ein älteres, gar nicht hässliches Industriedenkmal besser denn je zur Geltung: die 1776 errichtete Gezeitenmühle »House Mill« auf der Three Mills Island.

Bereits im 11. Jahrhundert machten sich Mühlen an dieser Stelle den Tidenhub der Themse zunutze. Durch eine Schleuse floss das ansteigende Wasser in Staubecken und strömte nach Schließung der Schleuse über Wasserräder zurück. Bei ausgereifter Technik drehten die Mühlräder sieben bis acht Stunden pro Flut. Im 16. Jahrhundert wurden nebst Getreide für Londons enormen Brotbedarf auch Bestandteile von Schießpulver gemahlen. Im 18. Jahrhundert sorgte der steigende Gin-Konsum für Konjunktur. Der Hugenotte Daniel Bisson baute die Mühle neu, und 40 Jahre später kam die gegenüberliegende Clock Mill hinzu. Dort sind der Uhrenturm und die Darrböden zum Trocknen von Getreide mit ihren markanten Dächern noch vorhanden. Um 1880 trieben Mühlräder mit sechs Metern Durchmesser insgesamt 14 Mühlsteinpaare an. Die Alkoholproduktion fand an Ort und Stelle statt.

Die House Mill blieb bis 1941, die Clock Mill bis 1952 in Betrieb. Letztere ist heute Teil der größten Film- und Fernsehstudios in London, während die House Mill von einem Verein restauriert wird mit dem Ziel, eines Tages die vier verbleibenden Räder und Teile des alten Mahlwerks zur Stromgewinnung einzusetzen. An Besuchstagen kann man die herrliche Ziegelsteinarchitektur von innen bewundern und den Weg des Getreides von der Anlieferung per Boot bis zu den fertigen Mehlsäcken verfolgen. Welch ein Glücksfall, dass diese wahrscheinlich größte Gezeitenmühle der Welt, ein Industriedenkmal ersten Ranges, wechselvolle Zeiten überstand!

Adresse Three Mills Island, E3 3DU | **ÖPNV** Bromley-by-Bow (District, Hammersmith & City Line) | **Öffnungszeiten** Mühle und Café Mai–Okt. So 11–16 Uhr | **Tipp** Spaziergänge am Wasser führen in Richtung Norden zum Olympiapark und zum entstehenden Naturpark am River Lee oder nach Süden zur Themse. Für Routenbeschreibungen siehe Infos unter www.visitleevalley.org.uk.

99 Der tibetische Friedensgarten

Ein Mandala vor dem Kanonenrohr

Welcher Ort ist für die Anlage eines Friedensgartens geeignet? Die Londoner Antwort auf diese Frage mag überraschen: Gewählt wurde der Park vor einem Kriegsmuseum, dem Imperial War Museum. Ein Artilleriegeschütz begrüßt Besucher am Eingang. Auf der Grünfläche davor weihte 1999 der Dalai Lama den Tibetan Peace Garden, ein Geschenk seiner Stiftung an das britische Volk.

Wer sich dem Garten nähert, sieht als Erstes die steinerne »Sprachsäule«. Sie ist der Sho-Säule am Potala-Palast in Lhasa nachempfunden. Ihre vier Seiten tragen in Tibetisch, Englisch, Chinesisch und Hindi eine Botschaft des Dalai Lama. Der Text weist auf »das unermessliche menschliche Leiden und die Umweltzerstörung« im 20. Jahrhundert, mahnt, dass das Überleben der Menschheit vom harmonischen Miteinander abhängt, und bezeichnet den Garten als Monument für den Mut und Friedenswillen des tibetischen Volkes.

Von der Säule führt ein Weg zum inneren Kreis des Gartens, der das Rad des Dharma symbolisiert. In der Mitte liegt das Kalachakra Mandala, das jedem Segen spenden soll, der es sieht. Darauf gerichtet sind acht Meditationssitze für den Edlen Achtfachen Pfad des Buddhismus: rechte Einsicht, rechte Gesinnung, rechte Rede, rechtes Handeln, rechter Lebenserwerb, rechtes Streben, rechte Achtsamkeit und rechte Konzentration. In den Beeten rund herum gedeihen Pflanzen aus Tibet und der Region. Vier im westlichen Stil ausgeführte Plastiken am Rand des Kreises symbolisieren die Elemente Luft, Feuer, Erde und Wasser. Das fünfte Element des Buddhismus, der Raum, ist die offene Fläche des Kreises. Dazwischen ranken Kletterpflanzen, sowohl Gewächse aus dem Himalaya als auch im Westen heimische Arten wie Geißblatt. So verkörpert der Garten die Idee einer Begegnung zwischen Ost und West.

Adresse St George's Road, SE1 6ER, www.tibet-foundation.org | **ÖPNV** Elephant & Castle (Northern, Bakerloo Line), dann einige Minuten in Richtung Nordwesten über St George's Road; oder Bahn/U-Bahn Waterloo und 10 Minuten zu Fuß südlich über Waterloo Road | **Tipp** Das Imperial War Museum (täglich 10–18 Uhr, Eintritt frei) setzt sich sensibel mit dem Thema »Mensch und Krieg« auseinander und zeigt persönliche Schicksale auf. Auch für Kriegsgegner empfehlenswert.

100 Tower Bridge Wharf

Freier Blick auf den Fluss

Geht man in Richtung Osten entlang St Katharine's Way, sieht man rechts einen Rundbau, kurz bevor die Wapping High Street erreicht ist. Dort geht man durch Tore zu einer offenen, gepflasterten Fläche mit Sitzbänken an der Themse. Hier kommt man auf Tuchfühlung mit dem Strom, der sich in Richtung Osten von einem eingegrenzten, vielfach überbrückten Hauptstadtfluss mit bedeutenden Bauwerken am Ufer zu einem Wasserweg in Richtung Meer verwandelt. Die Themse wird nach und nach breiter, das Auf und Ab der Tiden deutlicher. Vorbeifahrende Boote sowie die kräftigen Strömungen von Fluss und Gezeiten lassen Wellen hochschwappen, das Zusammenwirken von Wind und Sonnenstrahlen lässt die unruhige Wasseroberfläche funkeln. Diese Fläche, Tower Bridge Wharf, ist ein Platz zum Verweilen, egal, ob Wolken oder blauer Himmel in der Themse gespiegelt werden, denn ein phantastischer Blick breitet sich aus.

Am Ufer direkt gegenüber liegt Butler's Wharf, wo Lagerhäuser zu Loftwohnungen umgebaut wurden. Weiter rechts steht Alt neben Neu: das schroffe Betonhochhaus der 1970er von Guy's Hospital, die schief-ovale City Hall und der glassplitterähnliche The Shard in einer Linie hintereinander und die neugotische Silhouette von Tower Bridge. Blickt man am Nordufer der Themse entlang, so stehen in einer Reihe The Monument (die Steinsäule mit goldenem Abschluss) und St Paul's Cathedral mit dem Fernmeldeturm im Hintergrund.

Ein kurzes Stück stromabwärts schaukeln bunt beflaggte Flusskähne am Landesteg und weisen den Weg an Wohnanlagen mit Themseblick vorbei zum nächsten Aussichtspunkt, dem Hermitage Riverside Memorial Garden. Mit Blumenbeeten und Kunstwerken gedenkt dieser Garten den Zivilopfern des Zweiten Weltkriegs. Der ausgeschilderte Fußweg »Thames Path« führt in beiden Richtungen weiter, westlich zu den St Katharine Docks und östlich durch die sanierten Docklands.

Adresse St Katherine's Way, E1W 1UR | ÖPNV Tower Hill (Circle, District Line) | Öffnungszeiten Tore Mo–So 8–23 Uhr | Tipp Die Kneipe und das Restaurant im Dickens Inn am Hafenbecken St Katharine Docks sind ziemlich touristisch, aber wegen des historischen Ambientes und des guten Biers im urigen Holzbau lohnt sich ein Besuch (Mo–Sa 11–23, So 10–22.30 Uhr).

101 Die Trafalgar Tavern

Traditionskneipe am Null-Meridian

In Greenwich war die königliche Marine lange zu Hause. Das Seefahrtmuseum und das königliche Observatorium an der Null-Linie feiern hier die stolze Seefahrernation. Direkt am Themse-Ufer steht eine Kneipe, die perfekt in diese Tradition passt. 1837 wurde die Trafalgar Tavern gebaut und erhielt ihren Namen vom größten Sieg des Lord Nelson. Vor der Tür hält der kriegsversehrte Admiral Wache – als Statue, den leeren rechten Ärmel an die Jacke gesteckt, Orden auf der Brust und Zweispitz auf dem Kopf. Den Kneipengästen auf der Außenterrasse kehrt er den Rücken und richtet seinen Blick entschlossen in die Ferne – vielleicht zu den Hochhäusern jenseits des Flusses, als wollte er sie mit einer Breitseite niederlegen.

Zum Ufer hin präsentiert die Tavern eine imposante Fassade mit gerundeten Erkern, darüber ionische Säulen und eine Fahnenstange. Am denkmalgeschützten Bau haben sich alte Schiebefenster und Balkone mit gusseisernem Geländer erhalten. Bei Ebbe erscheint ein kleiner Strand, bei Flut klatschen Wellen an die Außenmauer.

Das sehenswerte Interieur erhält seinen Charakter von Spiegeln und maritimen Bildern an den Wänden, Stuckverzierung an der Decke und Kristallleuchtern im Restaurantteil. Im Kneipenbereich stehen bequeme Sessel, im Winter brennt ein Kaminfeuer. Im 19. Jahrhundert kamen zur Auflösung des Parlaments im Sommer Regierungsmitglieder hierher und läuteten die Weißfisch-Saison mit einer Mahlzeit aus »whitebait« (verschiedene junge Fische, vor allem Hering) ein. Whitebait steht immer noch auf der Speisekarte. Sonst werden deftige britische Pub-Gerichte wie Fish & Chips oder Lammhaxe serviert. Eine riesige Auswahl an Rumsorten ehrt das Traditionsgetränk der königlichen Marine. Am schönsten ist es, wenn man einen Platz am Fenster ergattert und bei Bier, Kaffee oder Rum die Boote auf dem Fluss und die wechselnden Lichtreflexe auf dem Wasser beobachten kann.

Adresse Park Row, Greenwich SE10 9NW, Tel. 020/38879886, www.trafalgartavern.co.uk | **ÖPNV** Docklands Light Railway nach Cutty Sark oder Ausflugsboot nach Greenwich, circa 5 Minuten zu Fuß am Flussufer in Richtung Osten | **Öffnungszeiten** Mo–Do 12–23 Uhr, Fr 12–1 Uhr, Sa 9–1 Uhr, So 9–23 Uhr, Küche jeweils bis 21 Uhr | **Tipp** Das kleine, feine Fan Museum (Fächermuseum) widmet sich einem besonderen Aspekt der Damenmode (12 Crooms Hill, Greenwich, Di–Sa 11–17 Uhr, So 12–17 Uhr, Eintritt £ 5, www.thefanmuseum.org.uk).

102 Trellick Tower

Ein Architektur-Bösewicht wird rehabilitiert

Fangen wir mit einer sachlichen Beschreibung an. Im Auftrag der Kommunalverwaltung entwarf der aus Ungarn stammende Architekt Ernö Goldfinger den 98 Meter hohen Trellick Tower im Stil des Brutalismus. Nach der Fertigstellung 1972 wurden die 217 Wohneinheiten auf 31 Etagen als Sozialwohnungen vermietet. Der Nebenturm für den Aufzug und die Gebäudetechnik ist auf jeder dritten Etage mit den Fluren im Hauptbau verbunden. Seit 1998 steht der Trellick Tower unter Denkmalschutz.

Die Person und das Werk von Goldfinger (1902–1987) wurden nicht immer sachlich beschrieben. Er lernte als Student in Paris unter dem Einfluss von Mies van der Rohe und Le Corbusier die Architektur der Moderne kennen. In den 1930er Jahren heiratete er eine englische Erbin, zog nach London und baute für sich ein Wohnhaus in der Willow Road in Hampstead, das jetzt als frühes Beispiel der Moderne dem Denkmalverein National Trust gehört. Über den dafür notwendigen Abriss älterer Häuser ärgerte sich James-Bond-Autor Ian Fleming, dessen Golfpartner zudem über die Humorlosigkeit und den Jähzorn des Architekten zu berichten wusste. So fand Fleming den Titel seines achten Romans und den Namen des Bösewichts.

Lange galt der Trellick Tower als monströses Bauwerk, ein Beispiel katastrophaler Wohnungsbaupolitik. Tatsächlich war er der Schauplatz von Gewalt und Drogenhandel. Eine Wende brachten ab den 1980er Jahren Sicherheitsmaßnahmen – Schließanlage und Pförtner – sowie die Privatisierung von Sozialwohnungen. Einige Einheiten wurden zu Eigentumswohnungen und wechselten den Besitzer später für Preise weit über 400.000 Pfund. Makler preisen sie heute so an: »Trendige Wohnanlage mit unbebauter Aussicht auf London aus der 30. Etage (mit Aufzug und Concierge)«. In den 1990er Jahren entdeckte die Denkmalschutzbehörde den Wert des Brutalismus, und Goldfinger war endgültig rehabilitiert.

Adresse Golborne Road, W10 5NY | ÖPNV Westbourne Park (Hammersmith & City Line) | Öffnungszeiten Nach Vereinbarung! Das geht so: Übers Internet herausfinden, welcher Immobilienmakler eine Wohnung im Hause vermittelt, anrufen, sich als Kaufinteressent ausgeben. | Tipp Die samstags wegen des überfüllten Markts zu vermeidende Portobello Road ist unter der Woche ein schönes Pflaster zum Einkaufen. Golborne Road und der nördliche Abschnitt von Ladbroke Grove sind schick-schäbig mit Antiquitäten und trendigen Lokalen.

103 Tyburn Convent

Schrein katholischer Märtyrer

Ein Ort der Stille nahe der lauten Kreuzung der Edgware Road mit der Bayswater Road gedenkt katholischer Märtyrer. Die Lage des Konvents wurde nicht zufällig gewählt, denn das Dorf Tyburn, wo jetzt der Triumphbogen Marble Arch steht, war seit dem Mittelalter ein Ort für Hinrichtungen. Ab 1571 stand dort der »Tyburn Tree«, ein Galgen in Form eines horizontalen Dreiecks auf drei Stützen, an dem mehr als 20 Personen gleichzeitig gehängt werden konnten. Rund 50.000 Menschen verendeten hier unter dem Gespött der Menge, die von ihnen Bravour im Angesicht des Todes forderte.

Es starben nicht nur Verbrecher. Der Tyburn Convent ehrt 350 Katholiken, die den Märtyrertod erlitten. Die ersten Opfer weigerten sich, König Henry VIII. als Kirchenoberhaupt anzuerkennen. Unter Henrys katholischer Tochter Mary I. (regierte 1553–1558) wurden Protestanten verbrannt, aber ihre Nachfolgerin Elizabeth I. setzte die Reformation fort. Romtreue galten nun wieder als Verräter, weil sie die Amtskirche ablehnten. Zwei später heiliggesprochene Opfer waren der Jesuit Edmund Campion († 1581) und Oliver Plunkett, Erzbischof von Armagh in Irland († 1681, der Letzte, der in Tyburn für seinen Glauben starb). Ihre Wappen und viele andere reihen sich an den Wänden der schlichten Konventskapelle.

Im Tyburn Convent leben Benediktinerinnen seit 1901 in Klausur, singen siebenmal täglich die Messe und halten rund um die Uhr Vigil in der Kapelle. Sie wechseln sich wortlos ab und verharren vor dem Altar, getrennt durch ein Metallgitter von Gläubigen, die von der Straße zum Gebet eintreten. Dreimal täglich führen die Nonnen Besucher in die Krypta, wo sie Reliquien wie Knochen, einen Fingernagel und Haare der Märtyrer aufbewahren. Draußen wartet ein jäher Kontrast: Der Verkehr donnert, nebenan stehen Häuser der Superreichen mit Parkblick, und das Shopping-Erlebnis der Oxford Street ist nicht weit.

Adresse 8–12 Hyde Park Place, W2 2LJ | **ÖPNV** Marble Arch (Central Line) | **Öffnungszeiten** Mo–So 6.30–20.30 Uhr, Führungen zum Schrein täglich 15.30, 17.30 Uhr, Mo–Fr auch 10.30 Uhr | **Tipp** Oxford Street ist eine hektische Einkaufsmeile. Eine Insel des guten Geschmacks dort ist das Riesenkaufhaus Selfridges, auch mit Café.

104 Der vierte Sockel

Bitte keine Denkmäler mehr!

Die Gestaltung des Trafalgar Square drückt Heldentum und Patriotismus aus. Auf der Säule in der Mitte steht Lord Nelson, Sieger über die spanische und französische Flotte in der Schlacht von Trafalgar. Um die Säule wachen vier mächtige Löwen. Die Ecken des Platzes markieren Statuen auf Sockeln: im Nordosten ein Reiterdenkmal für König George IV. (regierte 1820–1830), im Süden zwei Generäle des Britischen Empire in Indien. Aber der vierte Sockel (»fourth plinth«) im Nordwesten blieb leer. Auch er wurde für ein Reiterdenkmal ausgelegt, aber die nötigen Mittel, um König William III. in dieser Form zu ehren, wurden nicht aufgebracht.

Gut 150 Jahre später entstand die Idee, den Sockel für temporäre Installationen in einem dreijährigen Programm zu nutzen. Mark Wallinger's »Ecce Homo«, eine Christusfigur mit Dornenkrone aus Stacheldraht, stand 1999 am Sockelrand – lebensgroß, aber in seiner Wirkung klein und verletzlich an diesem Platz. 2001 machte Rachel Whiteread einen Abguss des Sockels aus durchsichtigem Harz und setzte ihn verkehrt herum auf das steinerne Original.

Die Fortsetzung der Reihe in den folgenden Jahren sahen auch andere Künstler als eine Einladung, über das Menschliche und Alltägliche im Gegensatz zum Monumentalen und Heldenhaften nachzudenken. Marc Quinn schuf aus Carrara-Marmor eine 13 Tonnen schwere Abbildung der behinderten, schwangeren Künstlerin Alison Lapper – sie kam ohne Arme und mit verkürzten Beinen zur Welt. Antony Gormley wählte 2.400 Freiwillige aus, die an 100 Tagen im Jahr 2009 jeweils eine Stunde auf dem Sockel verbrachten. Aus leeren Dattelsirupdosen baute der amerikanisch-irakische Künstler Michael Rakowitz einen geflügelten Stier. 2012 nahm ein bronzener Junge auf einem Schaukelpferd den Platz ein, der für einen König konzipiert wurde. Und in Zukunft? Vorschläge für ein permanentes Denkmal stehen im Raum. Die Favoritin für diese Ehre ist die Queen – aber erst nach ihrem Tod.

Adresse Trafalgar Square, WC2N 5DN | ÖPNV Charing Cross (Bakerloo, Northern Line) | Tipp Der ausgehöhlte, runde Laternenunterbau aus Granit in der Südostecke des Platzes diente früher als heimliche Polizeiwache – eine Tür wurde eingebaut, Sehschlitze ausgeschnitten und ein Telefon installiert.

105 Waterloo Bridge

Ein bezaubernder Blick entlang der Themse

In einem der charmantesten Popsongs der 1960er Jahre besangen die Kinks die Schönheit der Themse bei Sonnenuntergang. Zwei Verliebte treffen sich im Bahnhof Waterloo und gehen über die Brücke:

»As long as I gaze on Waterloo sunset, I am in paradise.« 1802 stand der Dichter William Wordsworth auf einer anderen Brücke, Westminster Bridge, und meinte, es gäbe keinen schöneren Anblick auf Erden, aber er schrieb sein Gedicht 15 Jahre vor dem Bau der Waterloo Bridge und konnte deren besonderen Vorzug nicht genießen: Sie steht an einer Kurve im Fluss, die einen Blick sowohl nach Westminster als auch östlich zur City of London ermöglicht.

Schon die erste Brücke an der Stelle, die ab 1817 die Themse mit neun Bögen überspannte, inspirierte Maler und Schriftsteller. Sie diente John Constable und Claude Monet als Motiv. »Waterloo Bridge«, ein dreimal verfilmtes Bühnenstück aus dem Jahr 1930, handelt von der Liebe eines Soldaten und einer Tänzerin, die sich während eines Bombenangriffs im Ersten Weltkrieg auf der Brücke begegnen.

Die zweite, heutige Brücke wurde 1942 nach Plänen von Sir Giles Gilbert Scott fertiggestellt. Dem Architekten der berühmten Telefonzelle sowie zweier Wahrzeichen an der Themse, der Kraftwerke in Bankside (heute Tate Modern) und Battersea, gelang mit der Brücke kein großer Wurf, aber das Panorama zu beiden Seiten macht alles wett. Nahe der Brücke stehen sich Somerset House (links am Nordufer) und das National Theatre (rechts am Südufer) gegenüber, weiter östlich erheben sich die alten Denkmäler St Paul's Cathedral, The Monument und St Bride's Church mit Bankentürmen im Hintergrund. Vom anderen Brückengeländer schweift der Blick links über das South Bank zum London Eye, rechts zur unverkennbaren Silhouette des Parlaments. Wer auf dieser Brücke steht, unter einem weiten Himmel, über einem breiten Strom, spürt, dass London eine großartige Stadt ist.

Adresse Waterloo Bridge | **ÖPNV** Temple (Circle, District Line) | **Tipp** Auch der Spaziergang über die Fußgängerbrücken beiderseits der Eisenbahnbrücke Hungerford Bridge (von Waterloo Bridge aus Richtung Süden) ist ein Vergnügen.

106 The Westbourne

Der Bach, der durch eine U-Bahn-Station fließt

Es liegt in der Natur der Sache, dass unterirdische Flüsse unsichtbar bleiben. Eine Ausnahme bildet die U-Bahn-Station Sloane Square, wo der Westbourne (»westlicher Bach«) über den Köpfen wartender Fahrgäste die Gleise quert. Kein Plätschern ist zu hören, kein Wasser zu sehen, weil dieser bescheidene Fluss durch eine geschlossene eiserne Wanne fließt. Trotzdem bietet ein Blick nach oben auf die schwarz gestrichene Unterseite des Rohrs eine seltene Gelegenheit, einen der Wasserwege, die London prägten, aber heute unbeachtet sind, zu orten.

Auf dem Gebiet von Greater London münden 21 Wasserläufe in die Themse. Manche fließen oberirdisch durch Vororte, aber in der Stadtmitte sind sie alle längst aus dem Straßenbild verschwunden. Der Walbrook beispielsweise, um den herum die Geschichte der Stadt vor 2.000 Jahren begann, wurde bereits in den 1460er Jahren zugedeckelt. Der Tyburn fließt unter Buckingham Palace, und der Fleet River, der auf Hampstead Heath entspringt und bei Blackfriars Bridge in die Themse mündet, musste trotz der wirtschaftlichen Bedeutung der Kais an seinen Ufern wegen des Gestanks unter die Erde verbannt werden.

Der Westbourne entspringt an der Westseite von Hampstead und durchquert, bereits unterirdisch, die Stadtteile Kilburn und Maida Vale. Beim Bahnhof Paddington ist sein Verlauf parallel zur Straße Westbourne Terrace bis Hyde Park, wo der Bach ab 1731 einen neuen See, »The Serpentine«, speiste. Weil er im 19. Jahrhundert verschmutzt war, führt ihn seitdem eine Kanalisation an der Nordseite des Serpentine entlang und durch das Viertel Belgravia nach Sloane Square, wo wir ihn kurz erblicken. Dann fließt er weiter unter Holbein Place und den Gärten am Royal Hospital zur Mündung neben Chelsea Bridge. Bei Ebbe sieht man von der Brücke den Hauptauslass stromaufwärts und zwei kleinere Einmündungen auf der östlichen Seite.

Adresse Sloane Square, SW1 W | ÖPNV Sloane Square (Circle, District Line) | Tipp Die Saatchi Gallery für zeitgenössische Kunst, die seit der Gründung 1985 die britische Kunstszene entscheidend beeinflusst hat, zog 2008 in schöne Räumlichkeiten nahe Sloane Square (Duke of York's HQ, King's Road, Mo–So 10–18 Uhr, kostenlos).

107_The White Building

Kunst und Pizza am Kanal

Am Ostufer des Kanals im Queen Elizabeth Park, dem Gelände der Olympischen Spiele 2012, wurde alles – Wege, Spielplätze, Kunstwerke, Grünflächen und Sporteinrichtungen – von öffentlicher Hand sorgfältig geplant und ist durchaus gelungen. Es ist trotzdem befreiend, die Brücke zum unaufgeräumten, kreativen Stadtteil Hackney Wick zu überqueren. Hier wächst das Gras nicht wie verordnet, sondern aus allen Rissen im Pflaster. Kunstwerke wurden nicht in Auftrag gegeben, sondern erschienen über Nacht an den Wänden.

Dort, wo die White Post Lane auf den Kanal trifft, baute der Süßwarenhersteller Clarnico 1897 eine Rösterei für Kakaobohnen. Später zog eine Druckerei in das zweistöckige Haus. Im neuen Millennium wurde es zum White Building, einem »Kreativlabor« mit Ateliers und Eventräumen. Gefördert wurden Künstler, die sich mit den Themen Technologie und Nachhaltigkeit beschäftigten. Während am Ufer gegenüber Großkonzerne das Olympiastadion errichteten, engagierte ein Architekturbüro für den Umbau des White Building kleine Firmen aus der Gegend. Von den Decken hängte man zwecks Wärmedämmung und akustischer Wirkung rote, mit Schafwolle gestopfte Netze und schuf Durchgänge zu einem geschützten Hof am Kanal, den eine Brauerei mit Pizzeria jetzt als Außenterrasse nutzt.

Die Crate Brewery richtete ihr Lokal mit Recyclingmaterialien ein. So entstand der Tresen aus Eisenbahnschwellen, die Bänke aus Europaletten. Tische wurden aus Gerüstbrettern gezimmert, Lampen aus Bettfedern gestaltet. Die Biersorten, vom hellen India Pale Ale bis zum dunklen Stout, sind im hippen Hackney selbstverständlich handwerklich hergestelltes Craft Beer. Dazu passt eine deftige Pizza, aber bloß keine Standards wie Quattro Stagioni: Hier duftet die Pizza nach Salbei und Trüffel oder schmeckt nach indischen Gewürzen. Von der Terrasse blicken Gäste auf die alte, mit Graffiti besprühte Clarnico-Fabrik.

Adresse Unit 7, Queens Yard, Hackney Wick, www.spacestudios.org.uk; Crate Brewery: Tel. 020/85333, www.cratebrewery.com | ÖPNV Overground-Bahn nach Hackney Wick, dann 5 Minuten zu Fuß über White Post Lane | Öffnungszeiten Crate Brewery So–Do 12–23, Fr, Sa bis 24 Uhr | Tipp Am Kanalufer einige Gehminuten nördlich befinden sich weitere Lokale, zum Beispiel Grow, eine Bar mit Küche und Räumen für Musik und Kunst (www.growhackney.co.uk).

108 Whitechapel Gallery

Kunst für alle und vergoldete Lebensbäume

Die Stifter der 1901 eröffneten Whitechapel Gallery verfolgten das Ziel, Kultur für die arme Bevölkerung des East End zugänglich zu machen. Die Galerie setzte von Anfang an den Schwerpunkt auf zeitgenössische Kunst und erhielt eine Fassade, die diesen Aufbruch und den idealistischen Auftrag verkörperte. Der Architekt Charles Harrison Townsend lieferte einen originellen, asymmetrischen Entwurf mit Jugendstileinflüssen. Der zwischen den beiden Türmen vorgesehene Fries wurde nie ausgeführt, aber die Bäume des Lebens auf Terrakottaplatten im unteren Bereich der Türme symbolisierten Wachstum, Lernen, Emporstreben.

Seit den Gründungstagen leistete die Galerie wegweisende Arbeit. 1938 wurde Picassos »Guernica« gezeigt – eine Antwort auf Provokationen einer aufkeimenden faschistischen Bewegung in einer Gegend mit vielen jüdischen und linksorientierten Bewohnern. Die Ausstellung »This Is Tomorrow« zeigte 1956 erstmals Pop-Art in England. Auch Jackson Pollock, Mark Rothko und Frida Kahlo wurden dem Londoner Publikum vorgestellt, und britische Künstler wie Gilbert & George erhielten eine Plattform. Nun stellt sich die 1963 in London geborene Rachel Whiteread, die seit 25 Jahren im East End wohnt, mit einer Neugestaltung der Galeriefassade in diese illustre Reihe.

Whiteread, Schöpferin des Holocaust-Mahnmals in Wien, arbeitet mit Abgüssen kleiner und großer Gegenstände. 1993 erregte sie Aufsehen mit dem Abguss eines kompletten Wohnhauses. Für die Whitechapel Gallery setzte sie zwischen die Türme vier Abgüsse der Fassadenfenster und leitete aus Townsends Bäumen des Lebens eine vergoldete Verzierung ab, bestehend aus Bronzenachbildungen der Blätter und Zweige der ursprünglichen Reliefs. So bezieht sie sich auf die Geschichte der Galerie, die 2009 nach Renovierung mit doppelter Ausstellungsfläche neu eröffnete und als Mittelpunkt einer lebhaften Kunstszene ihren Bildungsauftrag weiterhin erfüllt.

Adresse 77–82 Whitechapel High Street, E1 7QX | ÖPNV Aldgate East (District, Hammersmith & City Line) | Öffnungszeiten Di, Mi, Fr–So 11–18 Uhr, Do 11–21 Uhr | Tipp First Thursdays heißt der Kunstabend am ersten Donnerstag des Monats, wenn mehr als 170 Galerien und Museen in Ost-London bis 21 Uhr geöffnet haben. Zum weitgehend kostenlosen Programm gehören Ausstellungen, Performances, Musik und Führungen.

109_Wilton's Music Hall

Abbröckelnder Putz einer Varietébühne

Das kleine Theater hat alles überstanden – einen Brand 1877, den Bombenkrieg, Slumsanierungen der 1960er Jahre und jahrzehntelange Vernachlässigung. Von der Straße sieht man nur die Fassaden von vier heruntergekommenen Reihenhäusern mit verblichenen Resten roter Farbe. Beim Eintreten in den Kassenraum wird der Verfall noch deutlicher. Die Bodendielen sind blank, die Ziegelsteinwände haben ihren Verputz verloren. Nach hinten geht es ins Auditorium, wo zierliche Spiralsäulen die Emporen stützen. Haben sich die Augen erst an das schummrige Licht gewöhnt, erkennt man Reste von Vergoldung und Stuckverzierung. Willkommen in Wilton's Music Hall, die letzte ihrer Art!

Das englische Varietétheater des 19. Jahrhunderts, »music hall«, umfasste alles, was ein Publikum zum Lachen, Staunen oder Weinen brachte: Sänger, Komödianten, Bauchredner, Schwertschlucker, Akrobaten. Den Ursprung dieses Genres in Kneipenunterhaltung erkennt man bei Wilton's. Das Haus diente seit 1740 als Seemannskneipe, und ihre Mahogany Bar heißt seit 200 Jahren so. 1859 errichtete der Eigentümer John Wilton eine Halle hinter den Reihenhäusern und schmückte sie mit Spiegeln und Kristallleuchtern. Die Höhe der Bühne ermöglichte freie Sicht über die Zylinderhüte feiner Herren aus dem West End, die sich hier einmal ein derbes Vergnügen im schäbigen East End gönnten.

Nach 30 Jahren war die Glanzzeit vorbei. Prunkvollere Theater ersetzten schlichte Hallen wie Wilton's, die 80 Jahre lang als wohltätige christliche Mission, dann als Textillager diente. Seit 1971 steht sie als einzige verbliebene Music Hall der ersten Generation unter Denkmalschutz. Eine behutsame, 2015 abgeschlossene Renovierung sicherte die Bausubstanz und installierte moderne Technik, ohne den morbiden Zauber zu zerstören. Heute wird im alten Saal wieder gespielt. Lauschen Sie dort: Schwebt noch leise das Gelächter vergangener Zeiten in der Luft?

Adresse 1 Grace's Alley, Ensign Street, E1 8JB | **ÖPNV** Tower Hill (Circle, District Line), Tower Gateway (DLR) | **Öffnungszeiten** Für Veranstaltungen siehe www.wiltons.org.uk; Bar meist 17–23 Uhr (siehe Webseite) | **Tipp** Fünf Minuten entfernt über die Cable St. gedenkt eine große Wandmalerei der »Schlacht von Cable Street« (1936), als Anwohner die marschierenden »Schwarzhemden« der British Union of Fascists zur Umkehr zwangen.

110 Die Wimbledon-Windmühle

Es dreht sich nicht alles um Tennis

Mit einer Fläche von 1.570 Quadratkilometern ist London ein unersättlicher Riese, der sich im Laufe der Zeit zahlreiche Dörfer und ehemalige landwirtschaftliche Gebiete einverleibt hat. So dürfte es nicht überraschen, dass hier und da Spuren der früheren Nutzung überlebt haben, darunter nicht weniger als neun Windmühlen. Eine davon befindet sich in windiger Höhe auf der Grünfläche Wimbledon Common, circa 1,5 Kilometer von den berühmten Tennisplätzen entfernt.

Die Mühle entstand im Jahr 1817, um die umliegenden Gemeinden mit Mehl zu versorgen. Ein Schreiner baute sie, weswegen nur das Erdgeschoss damals aus Mauerwerk bestand. Der Rest war aus Holz. Sie blieb bis 1864 in Betrieb. Dann beschloss der Grundbesitzer, der fünfte Graf Spencer (sein Ururenkel, der neunte Graf, ist der Bruder der verstorbenen Prinzessin Diana), den Common – das Wort bedeutet »Allmende« – in einen privaten Park umzuwandeln und ein Schloss an der Stelle der Mühle zu errichten. Widerstand regte sich. Nach einem langen Gerichtsprozess behielt die Gemeinde ihre Rechte über den Common, musste dafür eine jährliche Rente an den Grafen zahlen. Die Mühle wurde zu einer Unterkunft für sechs Familien umgebaut und war bis 1975 bewohnt.

Heute beherbergt sie ein Museum. Kleine bewegliche Modelle erklären die Bauweise und Technik von Windmühlen von frühen Zeiten bis hin zu modernen Windrädern. Das Exemplar in Wimbledon gehört dem Typ der Koker- oder Wippmühle an, das heißt der zentrale vertikale Baum ist hohl, um die Königswelle aufzunehmen. Dadurch konnte man die Mühlenmechanik von den oberen Geschossen in den Mühlensockel verlegen. Ein Raum ist noch als Unterkunft im Stil der Zeit um 1870 eingerichtet. Die Segel wurden instand gesetzt, aber gemahlen wird nur noch per Hand, da der Müller bei seinem Auszug 1864 das Mahlwerk entfernte.

Adresse Windmill Road SW19 5NR | ÖPNV Bus 93 zwischen den Bahnhöfen Wimbledon und Putney (beide mit der Bahn ab Waterloo erreichbar), Haltestelle an der Windmill Road, www.wimbledonwindmill.org.uk | Öffnungszeiten Ende März–Ende Okt. Sa 14–17 Uhr, So 11–17 Uhr | Tipp Erfrischungen bieten direkt neben der Mühle die Windmill Tearooms (Mo–Fr 9–17.15 Uhr, Sa 9–17.45 Uhr, So 9–18.15 Uhr, warme Küche bis 15.30 Uhr).

112 Ye Olde Mitre

Eine gut versteckte Kneipe

Eine Kneipe, die sehr schwer zu finden ist, am Wochenende schließt und trotzdem jahrhundertelang im Geschäft blieb, muss etwas Besonderes sein. Um das Geheimnis zu lüften, biegt man am Holborn Circus in die Straße Hatton Garden und hält Ausschau nach einem unscheinbaren Eingang am fünften Haus rechts. Oder man geht an den Toren der Privatstraße Ely Place vorbei und biegt nach links in eine enge Passage ein. Das Schild »Ye Olde Mitre« mit Bischofsmitra hängt vor einer Holzfassade mit Butzenscheiben und nennt das Jahr 1546, in dem erstmals eine Kneipe auf diesem Grundstück am Palast der Bischöfe von Ely eröffnete.

Das Haus, das man heute betritt, wurde 1773 gebaut. Die Einrichtung mit Holztäfelung, Sitzbänken und breiten Sesseln stammt erst aus den 1930er Jahren, aber das historische Ambiente ist überzeugend, vor allem nach dem Genuss von zwei bis drei Pint-Maßen, denn der »Mitre« ist für die Qualität seiner Ales bekannt. Der Wirt kredenzt das Bier von Handpumpen im Schankbereich zwischen den beiden Stuben. Im hinteren Raum baumeln Wasserkännchen von der Decke, und Wandlampen sorgen für diskrete Beleuchtung. Hinter Glas in der gemütlichen Stube mit Kamin, steht eine ausgesprochene Kuriosität: der Stamm eines Kirschbaums, der einmal die Grundstücksgrenze markierte. Um diesen Baum soll Königin Elizabeth I. mit ihrem Höfling Sir Christopher Hatton getanzt haben. Sicher ist, dass Elizabeth den Bischof zwang, den Palast an Hatton zu verkaufen, und ihren Favoriten dort gern besuchte.

Vom Palast existiert nur noch die Kapelle St Etheldreda am Ely Place. Die Tore und das Wachhäuschen dort erinnern noch an die Zeit, als das Gelände ein bischöflicher Immunitätsbezirk war. Der Zugang zum Pub ist das Relikt eines vergangenen, von versteckten Hinterhöfen und dunklen Gassen geprägten Stadtbilds. Gutes Bier, herzhafte Küche und eine treue Kundschaft sichern aber die Zukunft.

Adresse 1 Ely Court, Ely Place, EC1N 6SJ | **ÖPNV** Chancery Lane (Central Line) | **Öffnungszeiten** Mo–Fr 11–23 Uhr, www.yeoldemitreholborn.co.uk | **Tipp** Die Palastkapelle St Etheldreda (geöffnet Mo–Sa 8–17 Uhr, So 8–12.30 Uhr) am Ely Place wurde um 1290 gebaut. Seit der Restaurierung 1873 ist sie eine katholische Kirche, nach Kriegsschäden erhielt sie in den 1950er Jahren neue Glasfenster.

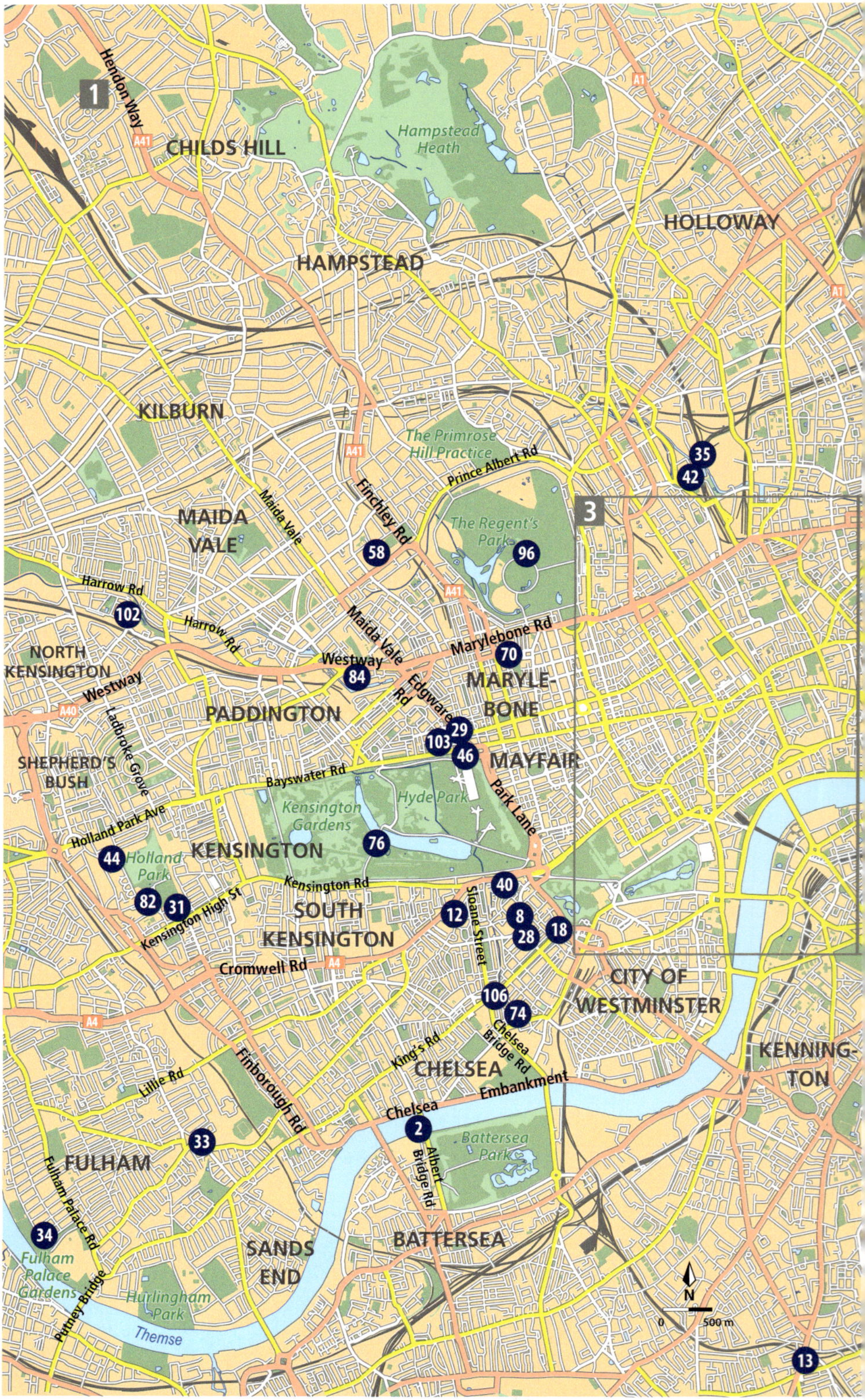

1
Hendon Way
A41
CHILDS HILL
Hampstead Heath
HAMPSTEAD
A1
HOLLOWAY
KILBURN
The Primrose Hill Practice
A41
Prince Albert Rd
35
42
MAIDA VALE
Maida Vale
Finchley Rd
3
The Regent's Park
58
96
Harrow Rd
102
Harrow Rd
A41
Maida Vale
Marylebone Rd
70
NORTH KENSINGTON
Westway
Westway
84
MARYLE-BONE
A40
Edgware Rd
PADDINGTON
29
103
46
MAYFAIR
SHEPHERD'S BUSH
Ladbroke Grove
Bayswater Rd
Hyde Park
Kensington Gardens
Park Lane
Holland Park Ave
KENSINGTON
76
44
Holland Park
Kensington Rd
40
82
31
SOUTH KENSINGTON
Kensington High St
Sloane Street
12
8
28
18
Cromwell Rd
A4
CITY OF WESTMINSTER
106
74
A4
Chelsea Bridge Rd
KENNING-TON
King's Rd
CHELSEA
Embankment
Lillie Rd
Finborough Rd
Chelsea
2
Battersea Park
33
FULHAM
Albert Bridge Rd
Fulham Palace Rd
34
BATTERSEA
SANDS END
Fulham Palace Gardens
Putney Bridge
Hurlingham Park
N
0
500 m
Themse
13

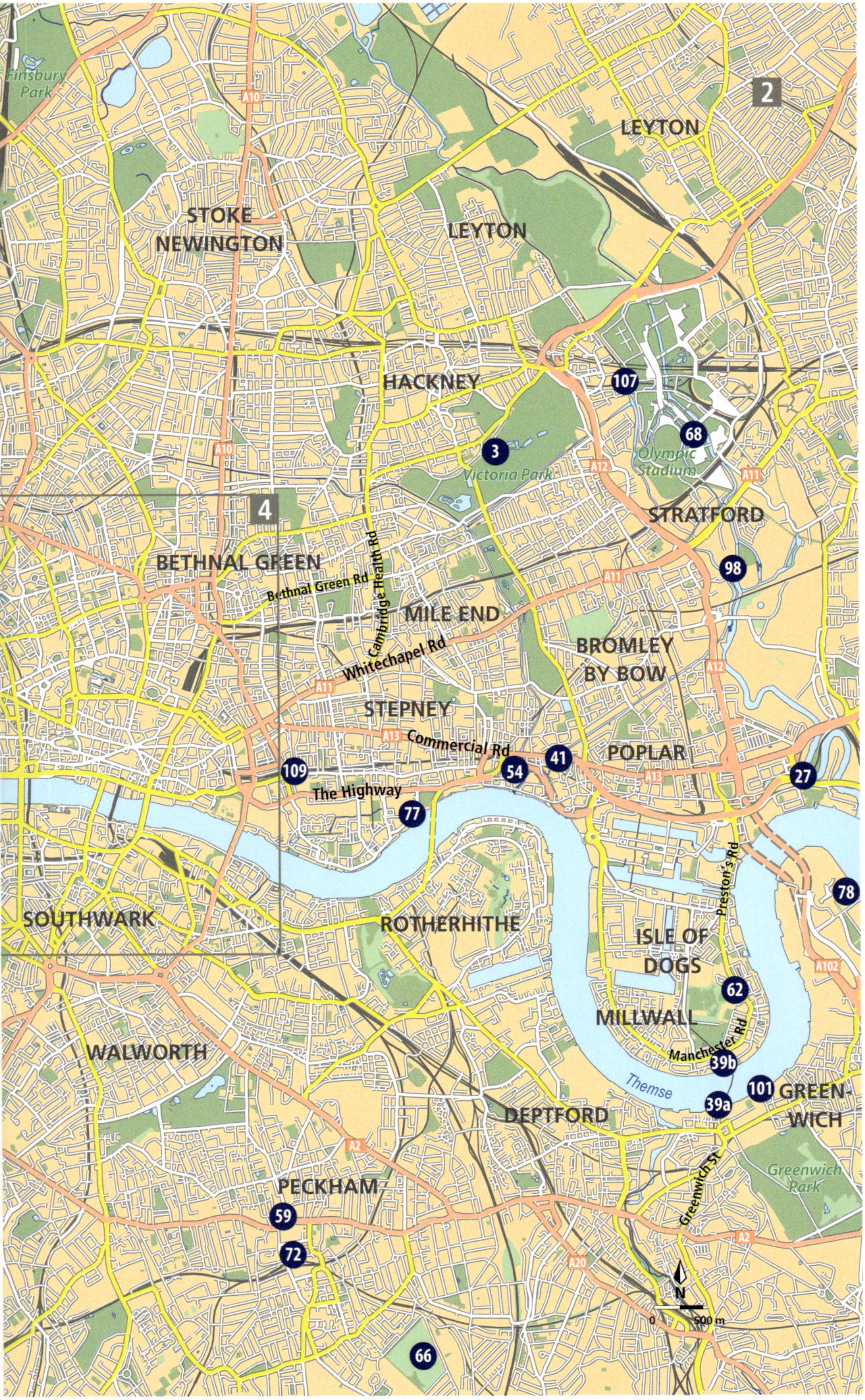

Finsbury Park
A10
2
LEYTON
STOKE NEWINGTON
LEYTON
HACKNEY
107
68
3
Victoria Park
Olympic Stadium
A12
A11
A10
4
STRATFORD
BETHNAL GREEN
Bethnal Green Rd
Cambridge Heath Rd
98
A11
MILE END
BROMLEY BY BOW
Whitechapel Rd
A12
A11
STEPNEY
A13
Commercial Rd
POPLAR
41
54
109
A13
27
The Highway
77
Preston's Rd
78
SOUTHWARK
ROTHERHITHE
ISLE OF DOGS
A102
62
MILLWALL
WALWORTH
Manchester Rd
39b
Themse
101
GREEN-WICH
39a
DEPTFORD
A2
Greenwich Park
PECKHAM
Greenwich St
59
A2
72
A20
N
0
500 m
66

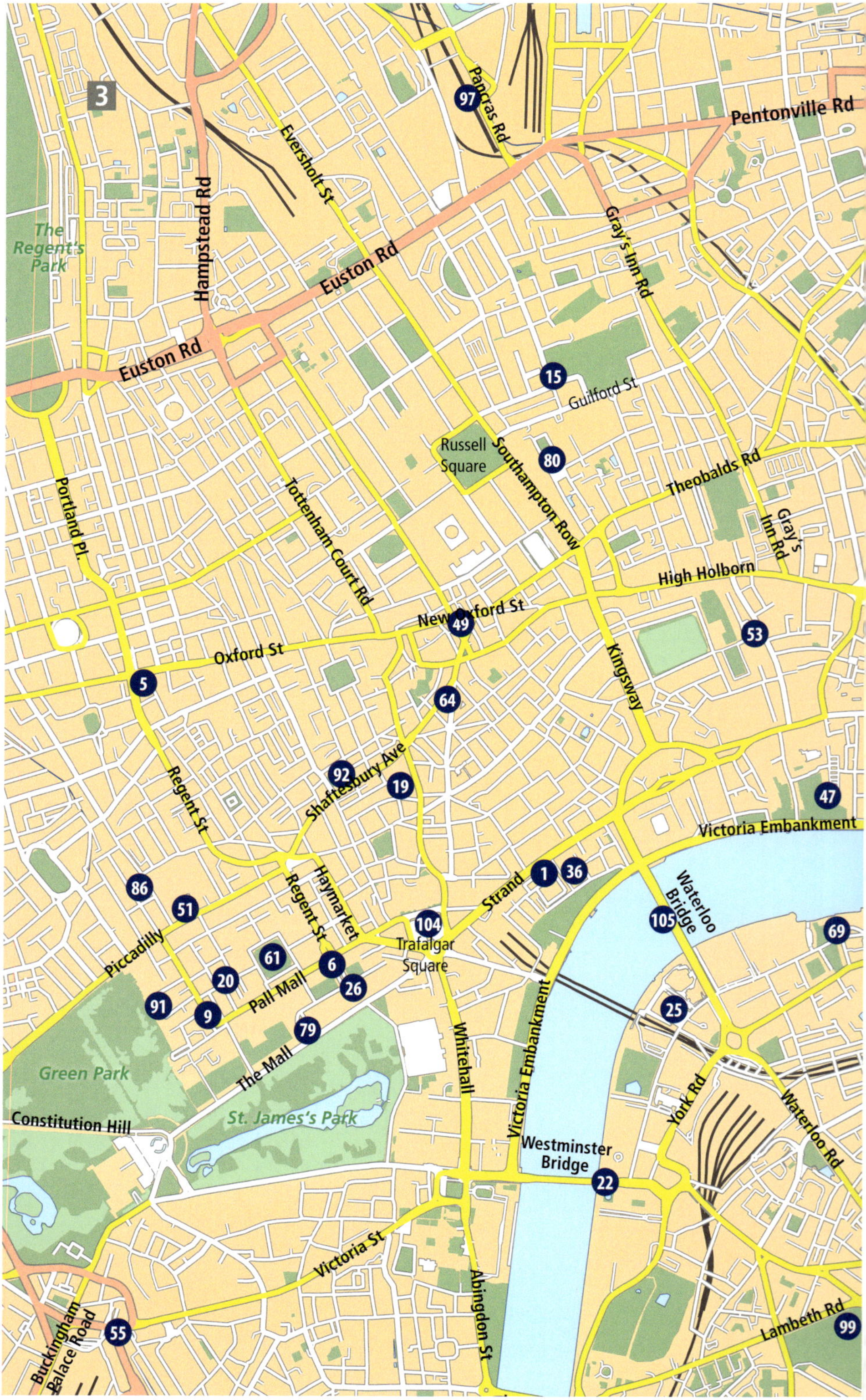
3
Pancras Rd
97
Pentonville Rd
Eversholt St
Hampstead Rd
The Regent's Park
Gray's Inn Rd
Euston Rd
Euston Rd
15
Guilford St
Russell Square
Southampton Row
80
Theobalds Rd
Gray's Inn Rd
Portland Pl.
Tottenham Court Rd
High Holborn
New Oxford St
49
53
Oxford St
5
Kingsway
64
Regent St
92
Shaftesbury Ave
19
47
Victoria Embankment
1
36
Strand
86
51
Haymarket
Regent St
104
Waterloo Bridge
105
69
Piccadilly
Trafalgar Square
61
6
20
26
91
9
Pall Mall
79
25
The Mall
Victoria Embankment
Whitehall
Green Park
York Rd
Waterloo Rd
Constitution Hill
St. James's Park
Westminster Bridge
22
Victoria St
Abingdon St
Buckingham Palace Road
55
Lambeth Rd
99

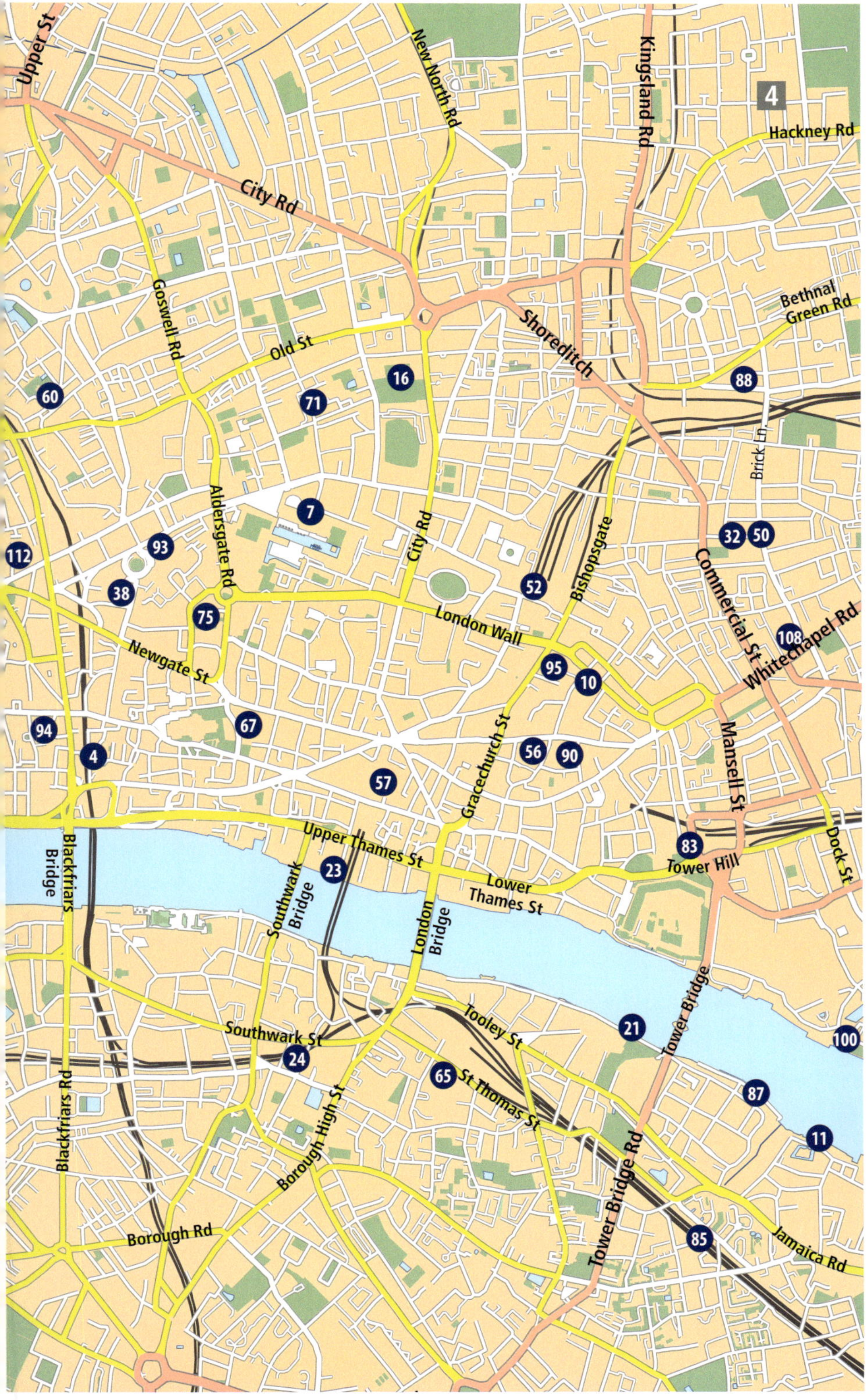

4
Upper St
New North Rd
Kingsland Rd
Hackney Rd
City Rd
Goswell Rd
Old St
Shoreditch
Bethnal Green Rd
Brick Ln
Aldersgate Rd
City Rd
Bishopsgate
Commercial St
London Wall
Whitechapel Rd
Newgate St
Gracechurch St
Mansell St
Upper Thames St
Lower Thames St
Tower Hill
Dock St
Blackfriars Bridge
Southwark Bridge
London Bridge
Tower Bridge
Tooley St
Southwark St
St Thomas St
Blackfriars Rd
Borough High St
Tower Bridge Rd
Jamaica Rd
Borough Rd
60
71
16
88
7
93
112
38
75
52
32
50
108
95
10
94
4
67
56
90
57
83
23
21
100
24
65
87
11
85

5
BARNET 73b
ENFIELD
A10
M1
A41
EDGWARE
A41
A10
EAST FINCHLEY
KINGSBURY
M1
A1
43
HOLLOWAY
37
Stansted
BRENT CROSS
WEMBLEY
89
A41
CHALK FARM
A1
A10
A12
BRENT PARK
QUEENS PARK
KINGS CROSS
A40
A40
3
4
LONDON
A13
73a
SHEPHERD'S BUSH
Heathrow
M4
KENSINGTON
VAUXHALL
ROTHER-HITHE
A2
A3
PECKHAM
A2
1
A3
2
81
63
30
RICHMOND
48
110
A3
A24
A23
14
NEWLANDS
45
STREATHAM
TOOTING
17
NORBURY
BECKENHAM
WIMBLEDON
A24
A23
A3
MITCHAM
N
0
2 km

Kirstin von Glasow
111 Gärten in London, die man gesehen haben muss
ISBN 978-3-7408-0141-0

Nicola Perry, Daniel Reiter
33 Walks durch London, die man erlebt haben muss
ISBN 978-3-7408-0136-6

Kirstin von Glasow
111 Coffee Shops in London, die man erlebt haben muss
ISBN 978-3-95451-832-6

Frank McNally, Róisín McNally
111 Orte in Dublin, die man gesehen haben muss
ISBN 978-3-95451-853-1

Gillian Tait
111 Orte in Edinburgh, die man gesehen haben muss
ISBN 978-3-7408-0476-3

Kay Walter, Rüdiger Liedtke
111 Orte in Brüssel, die man gesehen haben muss
ISBN 978-3-7408-0128-1

Thomas Fuchs
111 Orte in Amsterdam, die man gesehen haben muss
ISBN 978-3-95451-209-6

Sybil Canac, Renée Grimaud, Katia Thomas
111 Orte in Paris, die man gesehen haben muss
ISBN 978-3-95451-847-0

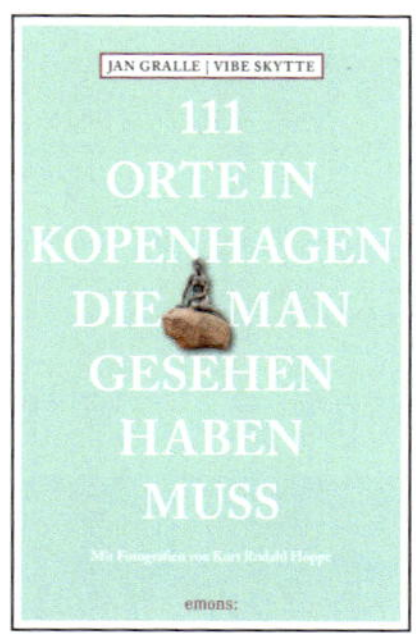

Jan Gralle, Vibe Skytte, Kurt Rodahl Hoppe
111 Orte in Kopenhagen, die man gesehen haben muss
ISBN 978-3-7408-0243-1

Christiane Bröcker,
Babette Schröder
111 Orte in Stockholm, die man gesehen haben muss
ISBN 978-3-95451-203-4

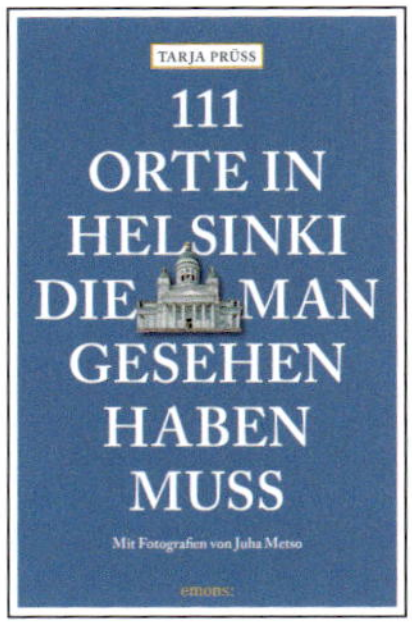

Tarja Prüss, Juha Metso
111 Orte in Helsinki, die man gesehen haben muss
ISBN 978-3-7408-0342-1

Lucia Jay von Seldeneck,
Verena Eidel, Carolin Huder
111 Orte in Berlin, die man gesehen haben muss
ISBN 978-3-7408-1097-9

Lucia Jay von Seldeneck,
Verena Eidel, Carolin Huder
111 Orte in Berlin, die man gesehen haben muss, Band 2
ISBN 978-3-95451-207-2

Jeroen Kuiper
111 Orte in Warschau, die man gesehen haben muss
ISBN 978-3-7408-0978-2

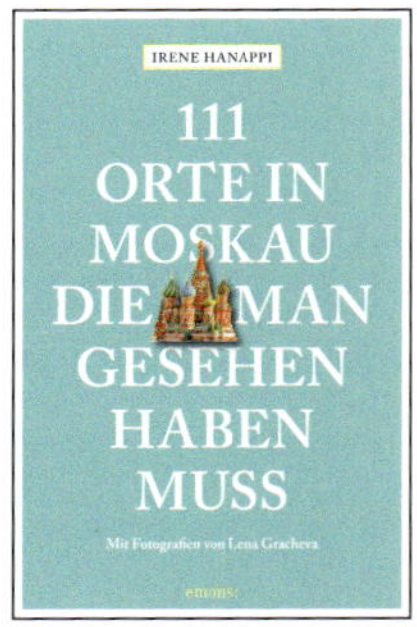

Lena Gracheva, Irene Hanappi
111 Orte in Moskau, die man gesehen haben muss
ISBN 978-3-7408-0993-5

Lust auf mehr? Laden Sie sich die »LChoice«-App runter, scannen Sie den QR-Code und bestellen Sie weitere Bücher direkt in Ihrer Buchhandlung.

LChoice
Hier bestellen

Danksagung

Unser Dank gilt folgenden Personen, die uns wertvolle Unterstützung bei den Recherchen für dieses Buch boten: David Brock, Oliver Bryce, Patricia Carroll, Stuart Condie, Maria Ejsmont-Rybicka, André Gren, Jamilla Lord, Simon Lord, Tina Papenfuß, Simon Prior, Ryszard Rybicki, Caryl Varty, Larissa Weeke.

John Sykes, geboren 1956 in Southport bei Liverpool, studierte in Oxford und Manchester und lebte in London, bevor er Köln zu seiner Wahlheimat machte. Er ist Redakteur von Reiseführern über London, Autor eines London-Buches in Form einer Sherlock-Holmes-Geschichte und schrieb mehrere Reiseführer über Großbritannien.

Birgit Weber studierte in Aachen und lebt in Köln. Sie arbeitet an verschiedenen Buchprojekten mit, vor allem über London. Großbritannien bereist sie seit über 30 Jahren und ist regelmäßig in London. Die Stadt fasziniert sie jedes Mal wieder, denn es gibt immer etwas Neues zu entdecken.